KB260055

알짜들의 성공법칙 9

인생의 멘토 이상헌이 들려주는 성공의 비결

알짜들의
성공법칙 9

이상헌 지음

중앙경제평론사

성공 레슨을 시작하기 전에 ● ●

나는 7남매의 막내로 13개월 만에 극적으로 첫 울음을 터뜨렸지만 죽음의 문턱을 수시로 들락거리는 두려움을 극복하기 위해 독서에 열을 올리다 보니 30대 중반에 이미 1만여 권을 독파한 기록을 세웠다.

학교 다닐 때는 장기 결석생이었지만 성적은 언제나 선두였는데 수업을 듣지 못한 대신 문제집으로 공부한 것이 비결이다. 문제집 뒤에는 언제나 해답집이 있기 때문이다.

나는 지금도 문제에 부딪히면 그 자체에 집착하지 않고 어느 것이 해답인지 찾아낸다. 어떤 약점도 그 뒤에는 장점이 있게 마련이어서 시각장애인은 앞을 보지 못하는 대신 뛰어난 청각을 가졌고, 청각장애인의 시력은 너나없이 2.0 이상이다. 스티븐 호킹 박사도 심각한 신체장애로 스스로 몸도 가누지 못하지만 세계 최고의 물리학자로 추앙받고 있다.

태어날 때부터 몸에 이상이 있었던 나는 자그마치 스물다섯 가지나 되는 힘든 병들 때문에 의사들도 포기했다. 그러나 오직 한 사람, 우리 어머니만은 나에게 살 수 있다는 자신감을 심어주셨다. 외할아버지(이범수)는 우리나라 국비유학생 1호로 KBS 9시 뉴스에 소개된 일도 있는데, 미국 유학 시절 딸이 태어나자 지어 보낸 이름이 '제인' 이다. 영문으로

Jane, 한자로는 *濟仁*으로 쓴다. 어머니는 진명여학교에서 신학문을 공부했는데 학창 시절 외국인 선교사로부터 들은 얘기를 해주셨다.

"인간은 창조주의 혈통이어서 모든 것은 원하는 대로 이뤄진단다. 꽃씨를 심으면 꽃이 피듯 말씨를 뿌리면 말의 열매가 맺히는 원리야. 네가 몸이 아파 남들보다 모든 것이 늦다고 괴로워하지 말거라. 일찍 피는 꽃은 일찍 지고 늦게 피는 꽃은 늦게 진단다."

나는 지금껏 살아오면서 어떤 어려움이 닥쳐도 희망의 끈을 놓지 않고 늘 '감사' 하는 마음으로 살다 보니 뒤늦게 놀라운 일이 벌어졌다.

2011년 12월 19일에는 두 개 일간지에 각각 1000회 칼럼을 연재한 기록으로 '제1회 대한민국기록문화대상' 을 수상했고, 111번째 저서《흥하는 말씨 망하는 말투》가 60만 국군 장병이 읽는 진중문고로 채택되었으며, 올해 초에는 '2011년을 빛낸 도전 한국인 10인' 에 반기문 UN 사무총장 등과 함께 선정되기도 했다. 하나같이 내가 원한다고 해서 쉽게 되는 일이 아니니 어려움 속에서도 감사하며 스스로를 연마할 때 행운의 여신은 미소를 보낸다는 것을 깨닫게 된다.

개그콘서트 비상대책위원회의 김원효처럼 '안 돼' 소리를 하지 말자. 자신의 참모습을 찾아내 갈고 닦으면 거친 원석도 찬란한 보석으로 변신한다.

끝으로 이 책을 만들기 위해 휴일도 반납하고 열심히 뛰어준 호진 시인에게 고마움을 전한다.

관악 캠퍼스 타워 505호에서 이상헌

1장

도전하는 자가 아름답다

넘어졌다고 해서 실패가 아니라 일어나지 않음이 실패다. 위대한 승리자는 좋은 시절에 만들어 지는 것이 아니라 위기와 역경 속에 탄생하는 것이어서 무사안일은 죽음에 이르는 병이요, 고난 과 역경이 부활의 길이다.

| 빛을 향해 앞으로 가라 |

넘어졌다고 해서 실패가 아니라 일어나지 않음이 실패다. 위대한 승리자는 좋은 시절에 만들어지는 것이 아니라 위기와 역경 속에 탄생하는 것이어서 무사안일은 죽음에 이르는 병이요, 고난과 역경이 부활의 길이다.

세계 최초로 '서예크로키'라는 화법을 창시한 석창우 화백은 전기 기사로 일하던 중 2만 2000V의 고압전류에 감전돼 두 팔을 잃었다. 고압전류에 감전되면 10명 중 9명은 그 자리에서 사망해 이렇게 목숨을 건진 것은 천운이라고 말한다.

그는 29세의 나이에 10여 차례 수술을 거친 후 없어진 양팔을 의수로 지탱했다. 무료한 시간을 보내던 어느 날 어린 아들이 동물도감을 들고 와서 졸라댔다.

"아빠, 저 이 새가 너무 좋아요! 하나 그려주세요."

어린 아들의 뜬금없는 한마디에 처음으로 펜과 종이를 잡은 것이 그림을 그리게 된 계기로, 그때까지만 해도 자신에게 그런 재능이 있다는 것을 꿈에도 몰랐다.

붓을 잡은 이후 그의 실력은 하루가 다르게 발전해 이제는 눈 깜짝할 사이에 넓디넓은 화선지 하나 가득 보는 이의 시선과 영혼까지 사로잡는 역동적인 인체를 그려 넣는다. 두 팔을 가지고 남들처럼 살던 때보다 팔은 없어졌지만 신이 주신 재능을 찾아 마음껏 그림을 그리는 지금이 더욱 행복하다고 생각한다. 많은 사람들은 다치거나 몸에 손상이 오면 인생이 끝났다고 생각하지만 위대한 승리자는 영혼이 주인임을 아는 것이다.

석창우 화백은 국내는 물론 미국, 독일, 중국, 프랑스, 영국 등 해외에서 수십 차례 개인전을 가졌고, 2018년 평창동계올림픽 실사단 앞에서 김연아 선수의 트리플악셀 연기를 그대로 그려내 극찬을 받았다.

2011년에는 반기문 UN 사무총장, 야구선수 박찬호, 신호범 미국 5선 의원, 한한국 세계평화작가, 정덕환 에덴복지재단 이사장, 복싱선수 김주희, 이상헌 칼럼니스트, 이선구 이사장, 장성연 서예가와 함께 '2011년을 빛낸 도전 한국인 10인'에 선정되기도 했다. 모두 역경과 시련을 딛고 성공한 인간승리의 산증인이다.

두 손이 있어도 그림 그리는 건 쉬운 일이 아닌데 석창우 화백은 의수로 그림을 그리기까지 숱한 고통이 있어 차라리 포기하고 싶은 유혹도 수없이 겪었지만 그럴 때마다 스스로에게 말했다.

'두 팔 두 다리를 잃고 활동하는 사람도 있는데 나는 고작 두 팔을 잃고 주저앉는다면 석창우가 아니다. 힘내라, 석창우! 잘한다, 석창우!'

석창우 화백의 그림에서는 어디에서도 느낄 수 없는 강한 역동성과 힘이 느껴져 팔이 아니라 영혼으로 그린 그림이라는 극찬을 받는다.

"팔이 있을 때는 그냥 직장생활을 하며 내 스스로 만족하는 삶을 살지 못했습니다. 하지만 팔을 잃은 후 그림을 그리면서부터는 하루하루가 즐겁고 행복합니다. 외적으로 남에게 보여주기 위한 일이 아니라 자신이 진짜 좋아하고 하고 싶은 일을 하며 살 수 있다는 것이 진정 축복이지요."

세상 모든 일에는 양면성이 있다. 절망의 눈으로 보면 한치 앞도 캄캄한 어둠이지만 빛을 향해 앞으로 갈 수 있는 내면의 힘이 있는 사람은 전혀 다른 인생을 살게 되는 것이다.

고종 황제 앞에서 미국 선교사들이 테니스 시범을 보인 후 땀을 닦으면서 물었다.

"폐하, 이것이 테니스라는 운동인데 보시기에 어떻습니까?"

"글쎄, 재미는 있는 것 같소만 그 힘든 것을 왜 직접 합니까? 종들을 시키면 될 것을⋯⋯."

뛰는 것보다는 걷는 것이 편하고 걷는 것보다는 서 있는 것이 편하다. 그보다 더 편하려면 앉거나 누우면 된다. 이것이 안일주의다. 그러나 세계 어디에서도 안일주의자가 성공했다는 얘기를 들어본 일이 없다. 에베레스트를 등반하다 사고로 영영 돌아오지 못하는 사람들도 종종 생기지만 산악인은 머리와 손톱을 깎아 가족에게 맡기고 출발한다. 혹시 문제가 생기면 시신 대신 장례를 지낼 때 사용하라는 뜻이다. 도전은 열정이고 열정은 행동이다.

　　자동차를 출고할 때 100m를 몇 초에 달리느냐로 차의 성능을 평가한다. 사람으로 치면 도전능력이다. 승리자냐 패배자냐는 반드시 능력만의 문제는 아니다. 중요한 것은 '도전하느냐 도망가느냐' 로 결정되는 것이다. 도전이 두려워 대부분 도피하지만 도피에는 고통이 없는 대신 성취감도 없다.

　　군대에 가는 것도 새로운 세계에 대한 도전이다. 죽고 사는 문제도 아닌데 고생이 두려워 없는 병을 만들거나 자신의 신체를 훼손하면서까지 면제받는 사람도 있는 세상이다. 그런가 하면 젊어 고생은 사서 한다고 미국 국적을 포기하고 나와서 입대하는 청년도 있고 면제 사유가 되는 심각한 질병인데도 일부러 치유하고 자원하는 사람도 있다.

　　군대 중에 가장 혹독한 군대는 해병대인데 지원자가 많아 고시만큼이나 경쟁이 치열하다. '젊어 고생 사서 한다' 는 속담을 실천하려는 사람들이다. 그런가 하면 새로 나온 속담 '젊어 고생 늙어서 골병된다' 의 신봉자들은 법을 어기면서까지 기피하는 것이다.

　　미국 메이저리그에서 활약한 야구계의 신화 박찬호 선수는 고국에 돌아와 전 소속팀이던 한화에 입단했다. 여기서 그가 받는 연봉은 메이저리그에 비하면 턱없이 낮은 수준이지만 그마저도 후진 양성을 위해 쓰게 하려고 1년치 연봉을 받지 않기로 했다. 재산이 많다고 기부하거나 이웃을 돕는 것이 아니라 그의 성품과 관계가 있다.

　　얼마 전 미국 애리조나로 전지훈련을 갔을 때 체력강화 훈련으로 하프마라톤 코스가 있었다. 팀에서 최고령 선수이고 '체력 보전을 위해 쉬겠다'고 하면 구태여 뛰지 않아도 뭐라 할 사람은 없었지만 박찬호는 뛸까 말까를 늦게까지 고민하며 잠을 설치다 결국 참가하기로 했다.

다음 날 아침, 출발신호가 울리자 젊은 동료들은 너나없이 총알같이 앞으로 튀어나가 잠시 후 앞에는 아무도 보이지 않았다. 내리쬐는 땡볕에 비지땀을 흘리면서 속으로 '괜한 호기를 부렸다'며 후회했지만 꼴찌를 하는 한이 있더라도 도중에 멈추지는 말아야겠다는 결심으로 죽을힘을 다해 달렸다. 달리다 보니 한참 전에 앞서나갔던 그룹이 시야에 들어오자 갑자기 다리에 힘이 붙기 시작했고, 결승선을 통과할 때는 30명 중에 14등으로 들어왔다. 이 정도면 충분히 체력도 인정받고 후배들에게 체면을 세울 수 있게 된 것이다.

"신인 시절 순수한 마음으로 땀을 흘렸던 기억이 되살아나는 값진 훈련이었습니다."

시종여일(始終如一)이란 시작과 끝이 같아야 한다는 얘기다. 부부관계가 시종여일로 유지된다면 다툼이나 이별이 있을 수 없고, 직장에서도 인정받는 일꾼이 될 수 있다. 나는 모임에서는 '처음처럼'을 건배주로 사용하는데 출발할 때의 마음으로 평생 가자는 뜻이 담겨 있다.

| 위기는 위대한 기회다 |

　우리나라에는 힘든 젊은이가 너무나 많다. 한창 공부할 나이에 부모가 사고로 쓰러지면 소년소녀 가장이 되어 꿈을 접어야 하는 경우도 많다. 얼마 전 소년소녀 가장들을 대상으로 힘내라는 특강을 할 때 나라에서 이런 꿈나무를 위해 투자를 아끼지 않는다면 우리가 세계에 우뚝 설 수 있겠다는 생각을 했다. 정작 필요한 데는 투자하지 않고 멀쩡한 학생들 급식한다고 야단인 것을 보면 누구를 위한 정치인가 회의도 느껴진다.

　환기가 전혀 안 되는 지하 작업장에서 구두를 만들다 본드 냄새에 뇌가 망가져 아버지는 치매 환자가 되었고, 그런 아버지의 이상한 행동 때문에 불화를 겪다 어머니가 가출하자 배고픔을 견디다 못해 300원짜리 크림빵을 훔쳐 먹고는 부끄러움에 울며 스스로 따귀를 때렸던 14세 소녀 김주희. 그녀는 시련 앞에 무릎을 꿇지 않고 당당히 도전하여 세계 여자 프로복싱 5개 기구 통합 챔피언으로 등극했고, 자서전《할 수 있다, 믿는다, 괜찮다》를 펴냈다.

고등학교에 다니는 언니는 아르바이트해서 모은 10만 원을 주며 말했다.

"그렇게 하고 싶은 운동이라면 꼭 해라. 나는 널 믿는다."

김주희 학생이 언니의 전 재산을 들고 찾아간 곳이 영등포의 거인 체육관인데 여기서 아버지와도 같은 정문호 관장과의 인연이 시작되었다. 집념이 불타는 눈빛에서 '될성부른 나무'라는 것을 안 정 관장은 김주희를 세계챔피언으로 키우기 위해 훈련뿐 아니라 학업과 생활문제까지 엄격히 가르쳤다.

"내가《삼국지》를 구해왔다. 읽고 또 읽으며 전술과 전략을 익혀라."

수없이 맞고 때려 고통을 모르는 철벽 복근을 갖기까지 수없이 하혈을 하면서도 남들이 잠에서 깨어나지도 않은 새벽에 15km를 달리는 훈련을 쉬지 않았다. 하루쯤 쉬고 싶은 유혹이 없었을 리 없다. 그러나 그럴 때는 마음속으로 외쳤다.

'하루를 쉬면 내가 알고, 이틀을 쉬면 상대가 알며, 사흘을 쉬면 세상이 안다.'

이렇게 하여 18세에 국제여자복싱협회(IFBA) 주니어플라이급 세계챔피언이 된 후 여러 차례 타이틀 방어전을 치렀지만, 매 경기가 생사를 건 싸움이었다. 가장 큰 위기는 오른쪽 엄지발가락 뼈를 3분의 1 이상 긁어내야 하는 대수술을 했을 때였다. 수술이 잘된다 해도 권투선수로서의 생명을 보장할 수 없는 터라 포기할까 갈등을 겪기도 했지만, 피나는 재활훈련을 통해 마침내 링 위에 복귀해 WBA 챔피언 결정전에서 일본의 사쿠라다 유키를 7라운드에서 보기 좋게 KO시켰다.

"후회 없는 경기를 펼치겠다는 생각으로 링 위에 올라 상대의 눈빛을 보는 순간 나를 두려워하고 있음을 느꼈습니다."

모든 승부는 능력만으로 되는 것이 아니다. 의지와 열정, 그리고 집념이 있는 한 위기는 위대한 기회로 변하는 것이다.

| 배움의 길에는 때가 없다 |

배움의 길에 늦었다는 말은 맞지 않는다. 얼마나 즐겁고 신나게 열정적으로 공부하느냐는 문제가 있을 뿐이다. '늦게 난 뿔이 우뚝하다'는 속담도 있고, '늦게 난 자가 먼저 된다'는 말도 있다.

가난했던 시절 딸들에게는 배움의 기회가 좀처럼 주어지지 않았다. 자녀들은 모두 훌륭하게 공부시켰지만 자신은 무지하여 소외감과 답답함을 느끼는 여성들이 너무 많다. 이런 여성들을 위해 이선재 교장은 양원주부학교를 만들어 배움의 길을 열어주고 있다. 양원학교에서는 초등학교 과정을 4년, 중·고등학교 과정은 2년 안에 마치게 가르친다. 매년 고등학교 과정을 마친 사람들은 100% 대학에 진학하는데 그중에 상당수가 장학생으로 합격해 뉴스에 나오는 등 화젯거리를 낳고 있다.

올해 양원주부학교를 졸업하고 명지전문대학교 사회복지학과에 합격한 이상옥 씨는 73세로 2012년도 졸업생 중 최고령이다. 일반 고등학교 학생들도 '수능'이라면 부담이 커서 가능하면 수시전형으로 대학에 가고 싶어 하지만 이상옥 씨는 자청하여 대입수능을 치렀다. 어렵다고 피하는 대신 '나도 도전하면 반드시 성취할 수 있다'는 자기 확신을 가졌기 때문이다.

"'번듯한 졸업장이 없다'는 자격지심 때문에 여럿이 모이는 자리에 가면 늘 말수도 적어지고 주눅이 들었는데 양원학교에 다니면서 배움의 기쁨을 알고 '나도 할 수 있다'는 자신감을 얻었어요. 태어나서 처음 맛보는 기쁨입니다."

인생을 살아가는 데 자신감보다 중요한 것은 없는데, 이상옥 씨는 늦게 공부를 시작해 어려움도 많았지만 양원학교에 다니는 5년 동안 70년을 살아도 얻지 못했던 큰 수확을 거둔 셈이다.

"가만히 집에만 있었다면 절대로 이런 행복을 느끼지 못했을 거예요. 배우고 싶은 마음이 간절하다면 누구라도 일단 도전해보라고 말해주고 싶어요."

양원학교에 입학하면 졸업할 때까지 자나 깨나 외우는 주문이 있다.

'泰山雖高是亦山(태산수고시역산) 태산이 높다 하되 하늘 아래 뫼이로다.
登登不已有何難(등등불이유하난) 오르고 오르면 오르지 못할 까닭이 없건데
世人不肯勞身力(세인불긍노신력) 사람이 제 아니 오르고
只道山高不可攀(지도산고불가반) 뫼만 높다 하더라.'

조선시대 양사언의 시조를 외우면서 정말로 자신이 태산에 오르고 있다는 것을 마음속으로 영상화하면 놀라운 깨달음 속에 자신감과 집중력에 불이 붙는다.

여기서는 한자 급수시험 제도를 활용해 졸업할 때까지 최소 3000자를 익히는데 이상옥 씨도 매달 학교에서 치르는 한자시험에 합격해 '특2급'에 올랐으며, 공인한자인증시험 2급을 준비할 정도로 자타 공인의 실력자가 되었다. 초등학교 2학년인 손자는 '학교 선생님보다 우리 할머니가 더 뛰어난 한자박사'라며 친구들에게 자랑해 부러움을 산다.

인간에게는 누구나 무한한 능력이 있지만 오직 도전하여 성취하려는 자만이 자신 안에 잠재된 능력을 끄집어내어 승리자로 다시 태어날 수 있다. 우리도 양원학교 학생처럼 '태산이 높다 하되'를 외워보자. 70세 노인도 우수한 성적을 올리는데 '안 된다'는 말은 패배자의 변명이다.

| 프로는 불가능을 가능으로 만든다 |

할 수 있다고 생각하면 누구나 할 수 있지만 '나는 할 수 없어. 나는 안 돼' 하고 생각하면 아무리 발버둥쳐도 방법이 없다. 현재 위치가 어느 정도냐는 크게 문제되지 않는다. 다만 하겠다고 결심을 하느냐 안 하느냐가 중요할 뿐이다.

영어 알파벳도 제대로 몰랐던 학생이 1년 만에 전교 1등을 했다면 대부분 거짓말이라며 믿지 않을 것이다. 그러나 마음을 굳히고 결심을 하여 인간 능력은 마음먹기 나름이라는 것을 보여준 사람이 있다.

전북 부안고등학교 3학년 백승훈 군은 전교 학생회장이며 전북대학교 수의예과에도 당당히 수시 합격한 우등생이지만 중학교 3학년 때까지도 전체 208명 중 200등 하는 학생이었다.

초등학교 3학년 때 축구를 시작한 그는 중학교 1학년 때 건강과 집안 형편 때문에 국가대표의 꿈을 접어야만 했다.

그러나 운동을 핑계로 공부와 담 쌓고 지내다 보니 공부에 대한 흥미까지 잃은 상태였다. 선수 생활도 접었으니 공부가 최선이었지만 그는 알파벳도 제대로 모르는 한심한 학생일 뿐이었다.

자신이 다른 학생들에게 학습 면에서 얼마나 뒤떨어져 있는지 깨달은 그는 결국 다시 축구선수로 복귀해야겠다는 생각만 간절했다. 하지만 어머니는 아들에게 축구 중계는커녕 스포츠 뉴스까지 못 보게 하며 공부에만 집중하도록 했다. 그런 그가 내내 방황하다가 본격적으로 공부를 시작한 것은 고등학교 입학을 앞둔 겨울방학 때였다.

이제 운동을 할 수 없으니 할 수 있는 것은 공부밖에 없다고 생각을 굳히고 방학기간에 학원에 다니며 보충수업을 받았고, 집에 돌아와서는 새벽 2시까지 복습한 뒤 잠자리에 들었다.

이런 피나는 노력 끝에 고등학교 1학기에는 전교 3등을 했고 2학기에는 1등을 하게 되었다. 운동에서는 실패했기 때문에 공부는 꼭 남들보다 잘하고 싶다는 강렬한 바람이 자신을 움직인 것이다.

강한 의지, 집중력, 노력, 이 세 가지만 있으면 누구나 공부를 잘할 수 있다고 말하는 그는 그날 해야 할 공부 양과 시간을 학습일지에 계속 기록했다. 그는 형식적인 계획보다 하루에 할 공부 계획을 꼼꼼하게 세우는 것이 훨씬 효율적이라고 말한다.

백승훈 군은 MBC 방송국의 〈사과나무〉라는 프로그램에서 장학생으로 선발된 것이 인연이 되어 《꼴찌에서 1등까지》라는 책까지 펴냈다.

꼴찌 하는 학생은 자기 자신은 물론 주변에서도 1등 할 수 있다는 기대를 하지 않는다. 고작 '꼴찌만 면해도 어디야' 하는 생각을 한다.

백승훈 군이 전교 1등을 할 수 있으리라고는 아무도 예상하지 못했다. 그저 전교 100등 정도만 해도 최선을 다했다고 여겼을 것이다.

그런 그가 전교 1등을 할 수 있었던 것은 그 사실을 불가능으로 확정짓지 않았기 때문이다. 그가 '전교 1등은 불가능한 일이고, 난 꼴찌니까 전교 50등에만 들어도 기적이나 다름없어' 하는 생각으로 공부했다면 전교 1등은 영영 할 수 없었을 것이다.

남들이 불가능할 거라고 생각한 것을 가능하게 만든 백승훈 군은 일찍부터 자기 인생을 개척하고 쟁취한 프로 중의 프로다.

| 도전하지 않으면 정상에 오를 수 없다 |

삶은 도전이다. 우리가 어렸을 때 어른들에게 들은 말 가운데 가장 부정적인 영향을 미친 말은 '오르지 못할 나무, 쳐다보지도 말라' 다. 그래서 가슴에 품은 꿈과 야망조차 포기하고 눈물 머금은 도망자가 된 예는 얼마든지 있다.

그러나 이제 시대가 달라지고 속담도 달라지고 있다. '오르지 못할 나무, 사다리 놓고 올라간다' 로 바뀌었다. 머리를 써서 방법을 찾다 보면 성취할 수 있는 방법은 한둘이 아니다. 하늘의 별만큼이나 많은 방법이 있음을 알게 된다.

사람들은 대부분 읽고 난 신문을 재활용품 모으는 곳에 버린다. 하루는 신문을 어떻게 재활용할 수 있을까 생각하며 하나하나 적다 보니 어느새 100가지도 넘었다. 머리를 쓰다 보면 방법은 그렇게 자연스레 나타나는 것이다.

삶은 꿈이고 도전이다. 가슴에 꿈을 품고 그 꿈을 이루기 위해 도전하는 자에게 희망의 싹이 돋고 성취의 열매가 열린다. 꿈을 갖는 데는 돈이 들어가지 않는다. 오르지 못할 나무는 애당초 없다. 달나라도 정복하는 세상이라는 것만 마음속에 심어놓으면 된다.

하반신이 마비된 장애인이지만 미국 캘리포니아 주 엘카 빌딩 꼭대기 오르기에 도전하여 성공한 마크 웰먼 씨. 그는 정상인도 오르기 힘든 1000m 암벽을 불굴의 의지와 투혼으로 올랐다.

그는 친구가 암벽에 로프를 걸어주면 팔의 힘만으로 암벽을 기어올랐다. 하반신 장애 때문에 그가 한 번에 몸을 끌어올릴 수 있는 거리는 15cm 정도인데, 39℃의 폭염 속에서 팔의 힘만으로 약 7000번이나 로프를 끌어당겨야만 했던 목숨을 건 혈투는 9일 만에야 끝났다.

많은 사람이 이 감동적인 장면을 보면서 뜨거운 박수로 응원했는데, 정상에서 마이크를 내민 기자에게 그는 이렇게 말했다.

"한 번에 15cm만 오르면 됩니다."

천 리 길도 한 걸음부터요, 티끌 모아 태산이며, 시작은 미약해도 끝은 창대하다. 욕심내지 않고 현재 자신이 가지고 있는 능력만큼 차근차근 올라갈 때 그에게 불가능한 것처럼 보였던 암벽 등반도 성공할 수 있었다.

지금 자신이 오르고 있는 삶의 암벽에서 무엇을 생각하고 있나 살펴보자. 힘들다며 인생의 등반을 포기할 수도 있고, 믿음의 밧줄을 단단히 잡고 끈기를 가지고 오를 수도 있는데, 어느 쪽이든 스스로 선택해야 한다.

　세상은 도전하는 자의 것이므로 소망의 디딤돌을 힘껏 딛고 일어서야 한다. 이 고비를 넘기면 분명 삶의 정상에서 외친 환희의 송가가 메아리가 되어 자신의 귓전을 울릴 것이다.

| 세계 최고에는 이유가 있다 |

우물 안에 사는 개구리는 하늘을 바라보며 이렇게 생각한다.

'하늘의 지름은 1m 정도 되겠지?'

사람도 같은 환경에 오래 있다 보면 의식이나 수준이 비슷해져 우리끼리 1등이네 2등이네 다투지만 바깥에서 인정을 받아야 진짜 실력이 입증되는 것이다. IMF 이전에 우리나라 여성 골프는 동네 축구 실력이었는데 박세리가 혜성처럼 나타나 LPGA 우승을 거머쥔다. 이때부터 하나둘 우리나라 낭자들이 우승을 하더니 이제는 미국에서 하는 시합도 한국에서 하는 시합처럼 우리의 독무대가 되었다.

최근 미국 명문 하버드대학교에서 첫 한국인 유학생 출신 전체 수석 졸업자가 나와 큰 화제가 되었는데 하버드대학교 경제학과 진권용 씨(20세)가 그 주인공이다. 그는 2012년 5월 졸업식에서 학점 4.0 만점에 4.0으로 졸업생 1552명 가운데 2명인 전체 수석을 차지했다.

미국 대학 최우등 졸업생을 의미하는 '수마 쿰 라우데'에 선정되었고 경제학과 수석자에게 주는 '존 윌리엄스 상'과 최우수 졸업논문 상인 '토머스 홉스 상'도 수상했다. 하버드대에서 한국 국적 유학생이 전체 수석 졸업을 한 것은 그가 처음이다. 게다가 4년 학부 과정도 3년 만에 마치고 졸업해 더욱 주목을 끌었다.

높은 성적의 비결이 무엇인지 묻자 그는 이렇게 대답했다.

"수업에 충실했습니다. 하버드대 수업은 진도가 빨라 한 번만 수업에 빠져도 따라잡는 데 시간이 오래 걸려 평소 수업에 집중, 수업노트를 자세히 작성했습니다."

그는 전공 외의 수업에서도 두각을 나타내 교양 생물학 수업에서 작성한 에세이는 교양학부 최고 에세이 상인 '코난트 상'을 받기도 했다. 그가 한국에서 초등학교 6학년 1학기를 마치고 홀로 미국으로 떠나 유학생활을 시작했을 때는 언어장벽과 문화적인 차이 때문에 소외감에 시달렸지만, 자신이 좋아하는 야구, 아이스하키 등 체육활동에 참여해 친구를 사귀며 부족한 어학실력과 사교성을 키울 수 있었다. 진권용 씨는 부모 앞에서 어리광 부릴 나이에 낯설지만 더 큰 세상에 적응하며 폭넓게 생각할 수 있는 기회가 주어지다 보니 그에 걸맞은 능력을 발휘하게 된 것이다.

다른 얘기를 하나 더 해보자. 네 살 때 아버지를 따라 미국으로 이민간 장미정 씨는 하버드대학교에 입학해 다니다 서울대학교에서 공부해보고 싶어 방문학생을 신청, 한 학기를 마친 후 느낀 점을 책으로 낸 적이 있다.

"머리로 본다면 서울대생들이 하버드생들보다 똑똑한 것 같지만 너무 쉽게 공부하고 있다는 생각이 들었다. 하버드에서 공부할 때는 공부해야 할 양이 워낙 많아 친구와 점심 한 끼 먹을 여유도 없이 시간에 쫓겼는데 서울대에서는 주말에만 공부해도 충분히 따라갈 수 있었다. 특히 다른 사람에게 '숙제 좀 보여달라'는 말을 쉽게 하는 것은 큰 충격이었다. 하버드대학교에서는 스터디 그룹을 만들어 친구들과 같이 과제를 하는데 누군가 남의 숙제를 베껴 낸다면 당장 그 그룹에서 쫓겨날 정도로 베끼기는 용납되지 않는 행동이다."

요즘 우리나라 최고라 자부하는 대학에서의 논문 표절 및 조작 시비가 끊이지 않는 모습을 보면 씁쓸하다. 학생들의 이런 안일한 태도는 단순한 베끼기의 문제를 넘어서 한 학교의 학풍을 어지럽힐 뿐 아니라 국가 이미지에도 큰 손실을 입히는 일이다.

공부하는 고통은 잠시지만 이 기간을 최대로 활용한 사람만이 미래가 보장된다. 세계 최고를 꿈꾼다면 주어진 시간을 최대한 활용해 자신을 믿고 자신의 능력을 최대로 끌어내기 위해 최선의 노력을 기울여야 한다.

| 밀어붙이는 뚝심을 키워라 |

우리나라 경제성장의 양대 산맥은 현대와 삼성이지만 두 회사의 스타일은 정반대다. 현대그룹 고 정주영 회장의 일화는 어느 누구도 비교할 수 없을 정도로 밀어붙이기와 기발함이 번뜩인다.

고 정주영 회장이 젊은 시절 현장에서 일할 때 있었던 일이다. 여름이면 빈대 때문에 잠을 잘 수 없어서 하루는 빈대의 생태를 관찰했다. 그 결과 불만 꺼지면 숨어 있던 빈대들이 사람을 향해 몰려오는 것을 보고는 다리가 높은 침대를 만들어 잠을 잤다.

그러나 며칠 못 가서 빈대들이 다시 침대로 기어올라 괴롭히자 커다란 양동이 4개에 물을 붓고 침대 다리를 그 속에 담갔더니 며칠은 잠을 잘 수 있었다. 그런데 또다시 빈대들이 물어 불을 켜고 보니 천장으로 올라간 빈대들이 자신을 향해 고공낙하하는 것이었다. 이 모습을 본 그는 무릎을 치며 회심의 미소를 지었다.

‘저 정도로 포기하지 않는 뚝심이 있으면 안 되는 게 있을 리 없지.’

그냥 지나칠 수 있는 하찮은 것에서도 교훈을 찾은 그였다. 또한 일생을 뚝심 기질로 어려운 난국을 헤쳐나갔다고 해도 지나친 말이 아니다.

어느 한겨울 부산에 있는 미군 묘지에 푸른 잔디 작업을 수주했다. 그러나 겨울에 푸른 잔디가 있을 리 없었다. 잔디는 봄이 되어야 파랗게 싹이 돋아나기 때문이다. 그렇다고 모처럼 얻은 기회를 포기할 수 없어 머리로 짜낸 끝에 잔디 대신 보리를 심기로 했다.

모양은 잔디와 별 차이가 없으니 봄이 되어 푸른 잔디로 교체하면 되겠다고 생각한 것이다. 사람의 머리는 궁하면 통하게 되어 있다. 그렇게 해서 잔디 작업을 성공적으로 마칠 수 있었다.

그 뒤 현대는 하루가 다르게 성장했다. 영국에서 대형 선박을 수주한다는 정보를 듣고 통역할 사람을 대동하고 담당 임원을 찾아가 면담했다.

정주영 회장은 신념에 차서 말했다.

“우리에게 맡기면 성실히 만들어서 납품하겠습니다.”

그러자 그쪽 담당자가 회의적인 목소리로 물었다.

“그러나 당신네는 한 번도 배를 건조해보지 않았잖습니까?”

그 말이 끝나자 정주영 회장은 주머니에서 5원짜리 동전을 꺼내 보여주었다.

"세계 역사에 오른 거북선입니다. 우리나라는 이미 수백 년 전에
세계가 깜짝 놀랄 선박을 건조했습니다."

다시 반론이 이어졌다.

"우리가 알기로는 당신은 초등학교밖에 나오지 않았다던데."

"내 밑에는 우수한 박사 200여 명이 진을 치고 있소."

이렇게 하여 현대중공업이 건설되었다.

고 정주영 회장은 위에서 군림한 리더가 아니라 그들과 함께 씨름
을 하고 몸을 부딪치며 하나가 되었고, 필요할 때는 앞장서서 뚝심
기질을 보여준 리더였다.

축구팬들은 우리 선수가 유럽 리그 경기에 출전하면 새벽까지 밤새워 중계를 본다. 방송사에서도 누가 출전하는 경기라고 계속 광고를 한다. 특히 박지성 선수가 나오는 경기는 밤새워 응원하고 아침에 출근하면 조느라 일도 제대로 못 한다.

그러나 단순히 중계를 보며 웃고 울고 하는 오락으로 끝날 것이 아니라 그가 흘린 땀과 발자취를 내 것으로 복제하는 것이 더 중요하다. 우리에게 꿈과 기쁨을 안겨준 박지성 선수가 월드컵을 통해 국가이익 10조 2000억 원을 창출한 주역이고 보면 그를 모델로 삼은 나 역시 꿈을 이룬 주인공이 될 수 있다.

01. 좋아서 하는 일은 중노동도 오락이다. 성공하려면 자신의 일을 좋아하라.

02. 10세에 국가대표의 꿈을 가졌다. 그 후 그 꿈은 한 번도 변하지 않았다.

03. 마음속에 꿈을 선명하게 그려라. 꿈과의 거리가 줌인(zoom-in)되어 다가온다.

04. 20세에 시드니올림픽 대표선수로 출전했다. 꿈은 반드시 이뤄진다.

05. 같은 생각, 같은 행동을 수없이 하면 도가 튼다. 도가 트면 도사가 된다.

06. 힘든 과정을 겪은 다음에야 꿈이 성취된다. 행운에는 우연은 없다.

07. 쉬는 시간에도 시합 영상을 반복해 본다. 지피지기는 백전백승이다.

♣

08. 평발은 운동에 심각한 장애다. 그러나 몰입하는 사람에게는 장애도 훈장이다.

09. 휴식의 유혹은 달콤하다. 그러나 오늘 하루 쉬면 내일은 배로 뛰어야 한다.

10. 싸움판에서도 많이 맞아본 사람이 싸움을 잘한다. 아픔도 두려워하지 말라.

11. '끌고 가느냐, 끌려가느냐' 는 하늘과 땅 차이다. 주인은 이끌고 가는 사람이다.

12. 박지성의 일거수일투족을 보라. 공으로 시작하여 공으로 끝난다.

13. 체격이 작다고 우습게 보지 말라. 오히려 강한 체력에 감탄하라.

♣

14. 미치지(狂) 않으면 미칠(及) 수가 없다. 자신의 일에 미친 자가 되라.

15. 상상력을 일깨워라. 상상의 힘이 세상을 내 것으로 만든다.

16. 넘어짐은 실패가 아니다. 오뚝이처럼 일어나 달려가는 자가 승리자다.

17. 애인은 놓쳐도 된다. 그러나 공은 결코 놓치지 말라.

18. 가장 중요한 것이 기본이다. 기본이 되어야 자유자재로 기술을 발휘한다.

19. 감 중에 가장 맛있는 감은 자신감이다. 자신감을 키워라.

20. 강한 통찰력은 남들이 보지 못하는 것까지 보게 한다. 폭넓게 집중하라.

21. 박지성은 효자로도 이름 나 있다. 효자는 하늘에서 특별관리를 한다.

22. 박지성은 겸손의 대명사다. 자신을 낮추는 사람이 진정 올라

간다.

23. 공을 찰 때 차는 발 못지않게 디디는 발도 중요하다. 바른 몸
과 함께 바른 정신을 유지하라.

24. 하루하루 다른 사람으로 변신하라. 그것이 성장이고 발전이다.

25. 멀티플레이어 훈련을 하라. 만능선수만이 살아남는다.

26. 문제점을 개선하라. 잘못을 바로 고치는 것이 진정한 프로다.

27. 승부근성을 가져라. 목숨 걸고 하는 일에 '적당히' 란 존재하
지 않는다.

28. 핸드백을 낚아채면 소매치기다. 그러나 공을 낚아채면 영웅
이 된다.

29. 축구는 몸이 아니라 머리로 하는 경기다. 두뇌의 RPM을 높
여라.

30. 프로는 프로에 맞는 몸이 돼야 한다. 몸부터 만들어라.

31. 기가 살아야 운도 산다. 끊임없이 기를 충전하라.

32. 뛰다 보면 상대방 골문이 다가온다. 골문은 도망치지 못한다.

♣

33. 최고의 선수를 두려워하지 말라. 그나 나나 하루 세 끼 먹는
건 다를 것 없다.

34. 부드러움이 강함을 이긴다. 유연한 자세를 가져라.

35. 흥분과 긴장은 실수의 주범이다. 어떤 경우라도 냉정을 잃지
말라.

36. 패스는 타이밍이다. 슛보다 패스가 중요하다.

37. 대포알처럼 강해도 빗나가면 소용없다. 모든 승리는 정확이
생명이다.

38. 시행착오를 부끄러워하지 말라. 오답노트도 정답노트 이상
소중하다.

39. 건강관리를 철저히 하라. 다치거나 병이 생기면 두고두고 후
회한다.

40. 자신을 믿어라. 믿음의 그림만큼 자신이 만들어진다.

41. 마음속에 멘토를 모셔라. 언젠가는 그와 똑같이 변신한다.

42. 사람을 좋아하라. 그들의 축복 에너지가 내 몫으로 배당된다.

43. 재능을 믿지 말라. 좋은 차도 닦고 기름 치지 않으면 고물차로
전락한다.

44. 달콤한 인내란 없다. 그러나 그 열매는 언제나 달다.

45. 소통 리더십을 길러라. 경청과 인정은 무엇보다 중요하다.

46. 이 정도면 됐다는 생각을 버려라. '아직도……'라고 생각하라.

47. 지성이면 감천이다. 자신의 일에 정성을 다하라.

48. 부정한 승리보다 정당한 패배를 선택하라. 하늘과 땅과 팬들
이 보고 있다.

49. 끝까지 살아남는 자가 승리자다. 최후에 웃는 자가 되라.

50. 도전에는 마침표란 없다. 도전하고 또 도전하라.

2장

감사의 기적

말하는 데는 세금이 붙지 않는다. 이제 '죽겠다'는 말 대신 '감사합니다'로 바꿔보자. 감사할 일이 있어 감사하는 것이 아니라, 감사하면 감사할 일이 반드시 나타난다.

| 감사합니다 |

KBS-TV 〈개그콘서트〉의 '감사합니다' 코너가 화제가 되고 있다. 3명의 개그맨이 율동과 리듬에 맞춰 '감사합니다'를 연호하는데 하도 재미있어 아이들도 유행처럼 따라 한다.

높은 분들은 단상에서 장광설을 늘어놓고 무표정·무감정·무뚝뚝함으로 무장한 채 '감사합니다' 하며 내려가는데, 개그맨들은 재미있는 멘트를 섞어가며 감사하는 마음을 새롭게 다지게 한다.

말에는 파동이 있어 하는 사람은 물론 듣는 사람에게도 영향을 미친다. 작년 3월 필자의 저서 《흥하는 말씨 망하는 말투》가 출간되자 감사와 격려의 메일이 쇄도했다.

이 책에 '감사합니다'를 100일간 반복하여 기적을 이룬 주부 김은혜 씨의 얘기가 나오는데, 이것을 보고 자기들도 그대로 따라 해보니 놀라운 변화가 이루어졌다는 것이다. 말에는 세금이 붙지 않을뿐더러 빠르게 변화가 나타난다.

전직 목회자였다 여행사를 하는 김동춘 사장은 이 책을 읽고 '감사합니다'를 전파하는 전도사가 되었다. 자신은 하루 3000번에서 시작해 6000번을 외우다 지금은 1만 2000번 외우고 있는데 놀라운 변화가 나타났다.

돈이 들어오기 바쁘게 빠져나갔던 통장에 잔고가 쌓이기 시작했고, 좋은 일이 겹쳐서 생겨나 주변 사람들에게도 '감사합니다'를 전파하고 있다.

그는 내가 강연한다는 소식을 듣고 찾아와 꼭 하고 싶은 이야기가 있다며 마이크를 잡고 청중에게 말했다.

"제가 목회할 때 신도였던 집의 얘기입니다. 부인이 암수술을 받고 남편은 우울증에 걸려 실업자가 되어 지하셋방에서 힘들게 살고 있었습니다. 너무나 비참한 삶을 살고 있기에 '감사합니다'로 변화된 예를 들려주며 반복해서 하게 했지요. 그런데 놀랍게도 남자는 며칠 안 돼 취업하였고, 기적은 여기서 끝나지 않았습니다. 지하에서 지상으로 올라온 것만 해도 기적인데 60평 아파트로 이사했습니다. 그를 데려간 사장이 자신이 소유한 60평 아파트에 지하셋방 보증금만 내고 살도록 배려해준 것입니다."

신선설농탕 인천공장에서 특강을 한 적이 있는데 직원들 모두 수강태도가 무척 좋았고 활기차고 사랑이 가득해 보였다. 여기서도 식품을 만들면서 '감사합니다'를 반복하여 감사의 에너지를 넣고 있다고 했다.

　말하는 데는 세금이 붙지 않는다. 이제 ‘죽겠다’는 말 대신 ‘감사합니다’로 바꿔보자. 감사할 일이 있어 감사하는 것이 아니라, 감사하면 감사할 일이 반드시 나타난다.

| 긍정 언어가 행운을 잡는다 |

경제전문지 〈포브스〉는 오프라 윈프리의 재산을 14억 달러로 평가했다. 이렇게 큰 자산가가 된 그녀는 무일푼으로 시작한 인생이지만 그래도 감사했고 그 감사의 힘이 부를 축적하는 에너지가 된 것이다.

이것을 남의 일처럼 생각해서는 안 된다. 있고 없고가 문제가 아니다. 실천이 중요하다. 원망하면 원망할 일이 계속 생기고 감사하면 감사할 일이 끊임없이 생겨난다.

'말의 놀라운 힘'에 대해 알아보기 위해 사람만이 아니라 동식물에도 실험을 해보았다. 부정적인 언어를 사용하는 사람은 능력의 많고 적음을 떠나 불행·실패·좌절을 겪는 한편, 현재 힘들어도 긍정적인 말만 사용하는 사람은 불행은 사라지고 행운이 시작되는 경우를 얼마든지 볼 수 있다.

이효리가 소주 광고에서 '흔들어주세요'라고 말한다. 흔드는 것은 부드럽게 만든다는 의미다. 시련도 잘 흔들어서 마시면 극복해낼 수 있다. 시련이 우리에게 깊은 상처와 좌절감만 안겨주는 것은 아니다.

시련을 많이 당하는 것은 오히려 진리의 사랑을 많이 받는 것이다. 시련이 클수록 열매는 더 달게 마련이다.

| 웃음과 행복은 '감사'에서 온다 |

'나물 먹고 물 마시고 팔을 베고 누웠으니, 대장부 살림살이 이만 하면 족하리라'는 옛 시조를 듣다 보면, 부귀영화가 행복의 조건이 아님을 깨닫게 된다. 선조들은 있는 그대로를 불만 없이 받아들이면서 감사했고, 그것이 곧 행복이라 여겼다.

스스로를 불행하다고 여기는 사람도, 행복하다고 여기는 사람도 모두 같은 세상에 살고 있다. 그러고 보면 행·불행의 척도는 어떤 세상에 살고 있느냐가 아니라 무엇을 보고 느끼느냐에 달렸음을 알 수 있다. 또한 만족을 아는 사람은 비록 가난해도 부자지만 만족을 모르는 사람은 많이 가졌어도 가난하다.

자신이 불행하다고 느끼며 살던 왕은 행복의 방법을 알려주는 사람에게 큰 상을 내리겠다고 방을 붙였는데, 전국 각지에서 올라온 수많은 방법 중에 '가장 행복하게 사는 사람의 내복을 얻어다 입으면 된다'는 것이 으뜸으로 뽑혔다.

곧 가장 행복한 사람을 찾기 위해 신하들을 총동원했는데, 마침내 두메산골에서 방앗간을 하며 사는 부부를 찾았다. 이 부부는 누더기를 걸치고 살 정도로 가난했으나 밤낮으로 웃음소리가 끊이지 않아 먼 곳까지 소문이 났다. 왕명을 받든 신하가 그 부부를 찾아가 "어명이니 당장 그대들이 입고 있는 내복을 내놓으시오!"라고 말했는데, 이 부부는 한겨울에도 입을 내복이 없을 정도로 가난했던 터라 속옷 한 장 줄 수 없음을 몹시 미안해했다는 이야기다.

행복해지기 위해선 먼저 감사함에 눈을 뜨자. 살아 있음에 감사하고, 가족이 곁에 있음에 감사하고, 건강함에 감사하면서 때때로 진리의 말씀을 읽고 듣는 축복까지 누리고 있다면 지상 최대의 행복이 아니겠는가.

남들이 보기에 하찮은 일일지라도 자신이 하는 일을 소중히 여기면서 그 속에서 보람을 찾는 사람은 할일 없이 빈둥거리며 하루하루를 지루하고 따분하게 낭비하는 사람보다 훨씬 행복한 사람이다.

요즘 일자리가 없다고 힘들어하는 사람이 적지 않은데, 내 맘에 드는 자리를 찾으려니 보이지 않는 것이지 조금만 눈을 낮추면 얼마든지 일자리가 있다. 근사한 자리에서 누군가에게 밀려날까 불안에 떨기보다는, 남이 우러러보지는 않지만 스스로 당당하며 기쁠 수 있는 내 자리가 있다면 그것이 삶의 축복임을 깨닫게 될 것이다.

| 감사의 기적 |

거여동에 있는 소규모 장애인 수용 시설을 도와주면 좋겠다는 지인의 전갈을 받고 찾아가 보았다. 오래된 작은 건물에서 35세의 젊은이가 7명의 중증 장애인을 5년간 보살피고 있었는데, 하루 세 끼 먹이기도 힘든데 설상가상으로 3개월 시한부 말기 암 판정을 받았다는 것이다. 자기 몸 하나 건사하기도 힘든 상태에서 자신보다 돌보는 환자를 걱정하는 그가 위대해 보였다.

우리 일행은 반나절을 그들과 함께 지내며 많은 이야기를 나누었는데 그에게서 후광이 느껴졌다.

"바로 당신이 하느님인데 절대로 죽지 않습니다. 감사하십시오. 감사하면 감사할 일이 꼭 생겨납니다."

그때부터 그는 주기도문 외우듯 '감사합니다'를 외우기 시작했다. 6개월 후 약속한 날 다시 찾아갔더니 다른 젊은이가 우리를 반겨주었다. 알고 보니 다른 사람이 아니라 바로 그 젊은이였고, 완벽하게 회복되어 다른 모습으로 변한 것이다.

그런데 우리가 그곳에 머무는 동안 연신 '감사합니다' 가 입에 붙어 있었다. 감사의 에너지가 기적을 만든 것이다.

말에는 파동(波動)이 있어 입에서 나가는 순간 자신과 주위까지 변화를 일으킨다.

"이 시설은 이제 걱정이 없습니다. 많은 후원자가 나타나 이사를 하게 되었고 자원봉사자들도 많아졌지요. 정말 감사합니다."

| 기도의 힘 |

1997년 2월 4일 〈세계일보〉 연재 칼럼 '이상헌의 사는 얘기'가 1000회 되던 날, 이 칼럼에 등장한 900여 명을 초청하여 소공동 프레지던트 호텔에서 기념행사를 열었다. 김정기 시인의 《당신의 군복》이라는 시집이 진중문고로 채택된 얘기가 칼럼에 등장한 적이 있어 그는 뉴욕에서 행사를 축하하는 시를 보내왔다. 최고의 성우 고은정 씨가 낭송을 했는데 그때의 감동은 지금도 새롭게 느껴진다.

1963년 동아방송 개국 드라마 공모에 입상한 후 취재하여 글을 쓰고 직접 출연하며 방송을 했다. 서울의 유래를 발로 뛰며 찾아 인터뷰한 것 중 아직도 기억에 남는 것이 꽤 많다. 세종문화회관에서 종합청사 쪽으로 200m 가면 종교교회가 있고 그 옆이 바로 복개천인데 그 자리에 '종침교'라는 다리가 있었다. 허종·허침 형제의 이름을 붙여 만든 것이다.

허종·허침 형제는 조선조의 고위 공직자였는데 하루는 어전회의가 소집되었다. 허종·허침의 누님은 뛰어난 영능인으로 동생들에게 조언을 해주었다.

"임금이 바뀌고 시대가 달라지면 어전회의에 참석했던 사람들은 삼족을 멸하게 된다. 그렇다고 참석하지 않으면 명령 불복종으로 당장 화를 입으니 자네들은 여차여차하도록 하게."

누님의 조언대로 당나귀를 타고 출근하다 다리 위에서 떨어진 형제는 조정에 부상을 당해 불참한다고 보고를 올려 화를 면했다. 그 후 형제의 이름을 따서 다리 이름을 '종침교'라 부르게 되었고, 그 곁에 지은 종교교회는 종침의 '종'을 따서 지은 교회라는 것을 알 수 있었다.

내가 취재하러 교회로 들어갔더니 담임목사라는 멋진 신사가 나타났다. 탤런트를 해도 충분한 외모와 화술의 주인공이었다고 기억되는데 자신은 프린스턴대학교에서 신학을 공부했다고 했다. 그 무렵 해외파는 극히 드물었기에 실례가 되는 줄 알면서도 궁금한 것을 질문했다.

"무속은 우리의 토속신앙입니다. 이분들이 정성을 들이거나 굿을 해주어 문제가 해결되는 것을 보았는데 목사님 생각은 어떻습니까?"

그는 고개를 끄덕이며 가능하다고 했다.

"《춘향전》에 월매가 이 도령 잘되라고 장독대 위에 물을 떠놓고 비는 장면이 나오지요."

"그것도 일리가 있습니다. 가능한 얘기입니다."

"그럼 목사님은 설교할 때 그렇게 해도 된다고 하실 수 있습니까?"

"아니지요. 나는 직업이 목사 아닙니까?"

그 얘기가 끝나고 같이 폭소를 터뜨렸다. 웬만한 목사 같으면 당장 내쫓으며 마귀 물러가라 소리가 나올 법한 질문이었다.

전에는 단층 건물이었는데 지금은 고층 현대식 건물로 변한 것을 보며 훌륭한 종교지도자는 자기가 있는 곳을 성지로 만든다는 생각을 했다.

대방동에 있는 김재규경찰학원에는 경찰이 되려는 젊은이들이 줄을 서는데 2000여 명이 머리를 싸매고 강의를 듣는다. 경찰은 위상이 높아져 선호도가 높은 직종이다. 어느 날 김재규 원장이 학원생들에게 책 한 권 보여주며 꼭 읽어보라고 했는데 그 책이 바로《흥하는 말씨 망하는 말투》다.

"말만 바꿔도 인생이 바뀝니다. 이 책을 읽고 인생역전을 하시기 바랍니다."

경찰고시 사수·오수생도 수두룩하기 때문이다.

미래의 꿈이 서울경찰청장인 이은실 학생은 적극적이고 진취적이며 긍정적인 성격으로 자주 내 사무실에 와서 효율적인 학습방법에 대해 자문을 구했는데, 역시《흥하는 말씨 망하는 말투》를 수십 번 읽어 몇 페이지에 어떤 내용이 있는지 훤히 알 정도였다.

언니가 첫아이를 낳았는데 800g밖에 되지 않은 이른둥이였다. 병원에서는 생존 가능성이 높지 않다며 살아난다 해도 키우면서 힘든 일이 한두 가지가 아닐 거라고 해서, 온라인의 미숙아엄마 카페에 가입해 자료를 찾으려고 했다.

그러나 은실 양은 언니를 나무라며 "언니, 아이한테 '너는 건강하고 훌륭하게 자랄 거야. 태어나줘서 정말 고맙다' 는 말만 해봐. 말이 분명 기적을 만들 거라고 확신해"라고 말했다.

그 말을 듣고 언니는 인큐베이터에 있는 아기를 들여다보며 기도하듯이 말했다. 그런데 혼자 숨도 쉬지 못하던 아이가 이제는 젖도 빨고 하루가 다르게 움직임이 활발해졌다는 것이다.

말은 의사소통만이 아니라 파동의 전달이다. 나는 태어날 때부터 숱한 병치레를 했고 결국 의사들은 부모님에게 포기하라고 할 정도였다. 한두 가지 병이 아니라 스무 가지가 넘는 어려운 병들이었기 때문에 현대의학으로도 거의 가능성이 없었던 것이다.

그러나 신심이 깊은 어머니는 내 곁에서 끊임없이 기도를 해주었고, 여기저기 통증이 와 견디기 힘들어 죽겠다고 비명을 지르면 '죽겠다 죽겠다' 하면 정말 죽으니 아파도 '견딜 만하다' 고 말하라고 가르쳐주었다. 그때부터 아무리 고통스럽고 힘든 일이 생겨도 '견딜 만하다' 고 말하여 오늘날의 내가 있을 수 있게 되었다.

세상에 견딜 수 없는 고통이란 존재하지 않는다. 고통도 알고 보면 기쁨을 위한 예방접종과 같다. 나는 고통과 마주하면 오히려 고마워한다. 겨울이 추울수록 봄에 더 많은 잎사귀가 돋아난다.

| 강도에게 술 얻어먹은 이야기 |

살다 보면 별의별 일이 벌어진다. '감사합니다' 라는 말 쓰기 캠페인을 수십 년간 하다 보니 나도 모르게 '감사합니다' 라는 말이 저절로 입에서 튀어나온다. 그래서인지 버스를 타고 내릴 때마다 운전기사에게 '고맙습니다' 하고 깍듯하게 인사한다. 음식점에서 나올 때도 '감사합니다' 란 말이 자연스럽게 나온다. 아름다운 꽃을 봐도 역시 마음이 활짝 열려 꽃에게 '고맙다' 는 말을 해준다. 이래서 나와 가까운 사람들은 나를 '생큐티처' 라고 부른다.

한번은 중요한 일을 마치고 느지막하게 집에 돌아오는데 누군가 뒤따라오는 소리가 들린다. 같은 동네 주민이겠지 생각했는데 허리에 칼을 들이대며 "돈 내놔!" 하는 것이 아닌가. 엉겁결에 "감사합니다"가 저절로 튀어나왔다. 내가 잘못 들은 줄 알고 "난 직업이 강도입니다" 하고는 자기도 우스웠는지 폭소를 터뜨렸고, 나도 그 모습을 보고 웃음을 참을 수가 없었다. 이렇게 서로 웃다 보니 마음의 교감이 생겨 대화를 나누게 되었다.

"선생님은 제가 강도라고 하는데 무섭지도 않습니까?"

"당신은 선량해 보이는데 무섭기는요."

"다른 사람들은 강도라면 벌벌 떨며 목숨만 살려달라는데……."

"솔직히 나는 재미있다고 생각했습니다."

"그런데 무슨 일을 하십니까?"

"난 평생 방송과 강연을 하며 살고 있는데 신문과 잡지에 글을 쓰지요."

"아, 어쩐지 낯이 익다 생각했습니다. 글은 언제 쓰십니까?"

"대부분 밤에 씁니다."

"이것도 인연이군요. 술이나 한잔합시다. 물론 제가 쏘겠습니다."

그날 꽤 많은 대화를 나눴다. 이제 자식도 커서 이 일을 그만두려고 하는데 '배운 게 도둑질'이라 손 떼기가 쉽지 않다는 푸념을 했다. 도둑은 분명 사회악이지만 그 의식의 밑바탕에는 우리가 배울 점도 얼마든지 있다.

| 마음을 먼저 가꿔라 |

사람의 참된 아름다움은 생명력과 마음 씀씀이에 있고 생각의 깊이와 실천력에 있다. 마음이 언제나 맑고 고요한 사람의 눈은 맑고 아름다우며, 깊은 생각과 자신의 일에 애정을 가지고 연마하는 사람에게서는 밝고 지혜로운 빛이 난다.

남을 위해 도움의 손길을 내미는 사람에게서 큰 힘이 느껴지는 것은 남을 헤아려 보살피는 따뜻함이 있기 때문이다.

요즘은 부모가 물려준 얼굴을 뜯어 고치려고 누구의 눈, 누구의 코를 닮게 해달라고 의사에게 부탁을 한다지만, 평범하거나 좀 못생겼어도 어쩐지 맑고 지혜로운 마음이 느껴지는 사람에게서는 그 사람만의 향기와 매력이 풍겨 나온다.

스님이 스님처럼, 목사가 목사처럼 느껴지고, 의사가 의사처럼 느껴지는 것도 자신의 생활이 마음에 배어 있기 때문이다.

해마다 도둑을 1000명 넘게 잡아 포도왕으로 표창받은 수사관을 만난 적이 있다. 그에게 도대체 그 많은 도둑을 어떻게 잡을 수 있었느냐고 물었더니 대수롭지 않게 대답했다.

"도둑 잡는 것은 쉽습니다. 도둑은 보면 금방 표가 나지요. 도둑은 꼭 도둑처럼 생겼습니다."

우스갯소리처럼 들릴 수도 있지만 오랜 경험에서 우러나온 교훈이 아닐 수 없다.

사람이 자기 직업에 충실하다 보면 얼굴이 그렇게 변한다. 기업에서 신입사원이나 경력사원을 뽑을 때 면접은 그 사람을 평가하는 중요한 자료가 된다. 얼굴을 마주하고 그 사람이 살아온 발자취와 됨됨이를 살펴보면 미래를 유추할 수 있기 때문이다. 자신의 얼굴을 아름답게 가꾸려면 즐거움과 기쁨의 감정을 증폭시키지 않으면 안 된다.

인생을 훌륭히 살아온 사람은 얼굴에 이미 그것이 나타난다. 노인 중에는 곱게 늙은 분이 많다. 이분들은 인생을 즐겁게 살아왔다. 그렇게 사람의 표정은 하루아침에 만들어지는 것이 아니라 오랜 생활을 통해 배어나온다.

여성들이 하루에 거울 앞에 앉아 있는 시간은 적게는 10분, 길게는 1시간이다. 어떤 사람은 그렸다 지우고 다시 그리기를 반복하면서 많은 시간과 화장품을 축낸다.

따지고 보면 화장은 아름답게 만드는 기술이기보다는 약점(?)을 감추는 작업이다. 우리나라 여성은 서양 여성보다 얼굴이 크지도 않은

데 화장품은 두세 배 더 많이 쓴다. 서양 여자들이 분위기를 살리기 위해 화장을 한다면 우리나라 여자들은 도배와 변장(?)을 하기 때문이다.

비구니나 수녀는 화장을 하지 않아도 피부가 곱고 탄력이 있다. 마음속의 화장이 그들에게 영원한 젊음을 유지해주기 때문이다.

화장을 진하게 하는 여자치고 주위 사람들에게 아름답게 보이고 싶지 않은 사람은 없을 것이다. 그러나 실제로 진하고 요란한 화장은 호감을 반감시킨다.

남자든 여자든 외모를 가꾸는 데 몰두하는 사람은 내면을 가꾸는 데는 소홀히 한다. 그러나 그 사람의 가치는 결국 내면에 따라 좌우된다. 외모를 아무리 그럴 듯하게 꾸몄어도 내면이 부실하다면 인정받지 못한다. 따라서 외모를 가꾸는 노력보다 내면을 가꾸는 데 더 많은 시간과 관심을 쏟을 필요가 있다.

| 하느님과 한 약속 |

전혀 잘못을 하지 않고 살기는 힘들다. 우리는 크든 작든 알든 모르든 잘못을 저지르며 살아가는데, 많이 저지르기도 하지만 자신의 잘못을 하찮은 것으로 생각하고 합리화하거나 잘못조차 전혀 자각하지 못한다.

수십 년 전 기차에 무임승차했던 죄를 뉘우친다는 사과 편지와 함께 금일봉을 익명으로 우송하는 일이 가끔 신문에 오르내린다.

예전에 서민의 주머니 사정이 좋지 않았을 때는 무임승차하는 사람도 많았다. 무임승차를 한 뒤 역무원이 검표를 하면 이들은 뒤로 몰려갔다가 기차가 서면 재빨리 뛰어내려 다시 앞으로 가거나, 그게 안 되면 붙잡혀 혼쭐이 나야 했다.

그러다 세월이 흘러 추억으로 간직하는 사람도 있는가 하면, 무임승차한 죄를 털어내지 못하고 마음에 담아두고 사는 사람도 있다.

임신중독증으로 세브란스병원에서 2년 동안 신장투석 치료를 받아온 김현순 씨는 어느 목사가 기증한 신장을 이식받고 새로운 삶을 찾았다.

기증자는 대전에서 작은 개척교회를 꾸려가고 있는 김성기 목사인데, 그는 어려서 부모에게 버림받고 친척집을 전전하다 교도소를 밥 먹듯 드나드는 사이에 전과 28범이 되었다.

한때 건설업에 손을 대 꽤 많은 돈도 벌었지만, 거래처 관계자와 다투다 각목을 휘두르고 사무실에 불을 질러 살인미수 등 혐의로 징역 6년을 선고받고 청송교도소에 다시 수감되기도 하는 등 드라마 같은 인생을 살았다.

그런 그가 목사로 거듭나서 새로운 삶을 살고 있다.

"여러 차례 자살을 시도할 만큼 절망적인 나날이었습니다. 세상을 원망하고 내 신세를 한탄하며 하루하루가 지옥이었습니다. 그러다 어느 날 성경을 읽으며 하느님의 존재를 알게 되었고 새 삶을 시작하게 되었지요."

그는 만기출소한 뒤 신학대학에 입학해 목회자의 길을 걸으며 최근까지 의정부에서 노숙자와 알코올중독자 등을 위한 복지시설을 맡아 운영했고, 몇 달 전 대전에서 개척교회를 연 뒤에도 오갈 데 없는 이들을 위한 쉼터를 아내와 함께 꾸려가며 사후 장기기증 서약까지 했다.

그렇게 해서 김현순 씨에게 신장을 기증하게 된 것이다. 김 목사는 회복실에 누워 있는 김현순 씨와 처음 대면했을 때 김씨가 '새 생명을 줘서 감사하다'라고 인사하자, '10여 년 전 교도소에서 하느님과 한 약속을 이제야 지킬 수 있게 해줘 오히려 더 감사하다'라고 화답했다.

사람은 모두 실수도 하고 죄도 짓는다. 그러면서 온갖 핑계를 대고 합리화한다. 하지만 잘못을 인정하고 바로잡으려는 사람에게는 모두 손을 내민다. 자기 잘못을 깨닫는 한 그는 이제 죄인이 아니기 때문이다.

| 나 자신을 제대로 알라 |

Professional

이 세상에서 가장 힘든 일은 나라를 다스리거나 부하를 다스리는 일이 아니라 자신의 습관을 다스리는 일이다. 산속의 적은 물리치기 쉬워도 마음속의 적은 그렇지 못하다는 말을 음미하면 쉽게 이해될 것이다.

지혜가 부족한 사람은 자기에게는 후한 점수를 주고 남에게는 반대로 하다 보니 자기보다 훌륭한 사람은 없다고 자기를 속여 자신을 두 번 죽이게 된다.

자기만 똑똑하다고 생각하다 보면 남의 의견은 재고할 가치가 없다고 느껴 끝내 불행의 늪에 빠지고 마는 것이다.

초등학교에서 우수한 성적을 올리다 위로 올라갈수록 성적이 떨어지는 학생은 대부분 머리가 좋은 편이어서 공부하지 않아도 충분하다고 생각해 노력하지 않기 때문에 그렇다. 그러나 자신은 부족하다고 느끼는 사람은 떨어지지 않으려고 열심히 파고들어 어느새 역전 되는 것이다.

이 세상에는 자신을 죄인으로 여기는 옳은 사람과 자신을 옳다고 여기는 죄인이 있다. 자신이 죄인이라고 생각하는 사람은 끊임없이 반성하고 속죄하여 유리알처럼 깨끗한 삶을 살지만, 죄가 없다고 생 각하는 사람은 자기도 모르는 사이에 죄의 수렁에 빠져든다는 사실 을 알아야 한다.

부부싸움을 할 때 내가 무엇을 잘못했느냐고 항의하는 사람은 진 정 많은 잘못을 저지르고 있음을 알아야 한다. 집 안이 깨끗해 보여 도 하루만 지나면 먼지가 날리는 것과 다를 바 없다.

누군가와 일을 도모해 그 일이 성공하면 대부분 자기 덕분이라고 생각하고, 반대로 일이 틀어지면 상대방에게 원인이 있다고 믿는다. 몇 번씩 이혼하면서도 이혼할 때마다 배우자를 잘못 만나 자신의 인 생이 실패했다고 한탄하는 사람이 있다. 첫 번째 아내는 무슨무슨 결 점이 있었고, 두 번째 아내는 무슨무슨 잘못을 했고 하는 식으로 상 대방을 탓한다.

그러나 그런 아내를 선택한 것은 결국 자기 자신의 안목이고 판단 이다. 문제가 있다면 자신에게 있었다.

그런데도 사람들은 다른 사람의 작은 잘못이나 실수는 용서하지 않는 게 정의라고 생각하면서도 자신의 실수가 다른 사람들에게 용 서받지 못하는 것은 그 사람들의 마음이 편협하기 때문이라고 생각한다.

내 사무실에는 그림이 많이 걸려 있어 미니 갤러리라 해도 좋을 정도인데 그중 특히 아끼는 그림이 있다. 김수환 추기경이 돌아가시기 1년 전, 모교인 동성고등학교 100주년 기념 전시회에 낸 자화상이다. 얼굴 윤곽선에 눈코입만 그린 단순한 그림으로 언뜻 보면 초등학생이 그린 그림 같지만, 볼 때마다 마음이 편안하고 그윽한 느낌이 든다. 〈바보야〉라고 이름 붙인 그 자화상을 통해 나는 김수환 추기경의 겸손함과 높은 덕을 회상하며 감동을 받곤 한다.

처음 추기경으로 임명되었을 때 취임을 축하하는 자리에서 그를 칭송하는 유명 인사들의 축사를 아무 말 없이 듣고 있던 김수환 추기경은 끝으로 이렇게 말했다.

"여러분이 지금 나를 칭찬해주셨지만 나는 잘못이 많은 사람입니다. 겉모습은 깨끗한 듯하지만 속은 그렇지 않습니다. 지금 내 속에 있는 것들이 밖으로 드러난다면 여러분은 당장 이 자리에서 나를 쫓아낼 것입니다."

인간은 너나 할 것 없이 어리석음을 안고 살아가는 '바보'임을 깨우쳐준 것이다.

상대방의 실수나 잘못이 발견된다면 그 사람을 질책하기 이전에 나 자신부터 돌아보고 '너 자신을 알라'라고 한 소크라테스를 떠올려라.

| 쑥뜸 떠주는 선생님 |

　자신의 일만 잘한다고 프로는 아니다. 선수들의 개인기가 뛰어난 프로팀이 꼭 우승하는 것도 아니다. 진정한 프로는 팀워크가 뛰어나야 하고, 팀워크가 좋으려면 남을 배려하는 노력이 필요하다.

　혼자만 잘난 사람은 독불장군으로 자칫 교만에 빠지기 쉽고, 그러다 보면 사방에 적이 생겨 언제 어떻게 어떤 일이 생길지 아무도 보장하지 못한다.

　서울 경복고등학교 김창호 선생님은 그런 점에서 이 시대의 확실한 프로 교사라고 할 수 있다.

　김창호 선생님은 담임의 역할만 잘 해내도 충분히 능력을 인정받을 수 있었다. 그런데 그는 그러지 않았다. 그의 반 학생들은 몸이 아프면 조퇴를 하거나 양호교사를 찾는 것이 아니라 담임선생님을 찾아간다. 그의 쑥뜸 실력이 정평이 나 있기 때문이다.

'一뜸, 二침, 三약'이라는 말이 있듯이 뜸은 매우 효과적으로 쓰인다. 오래전부터 장이 약해 탈이 자주 났던 김창호 선생님은 수지침과 쑥뜸으로 몸이 좋아진 뒤 자신이 직접 배우기 시작했다.

학생들을 가르치기에도 빠듯한 시간이었지만 시간을 쪼개어 민간 치료법을 열심히 배웠다. 늘 대입 스트레스에 시달리며 몸과 마음이 지쳐 있는 제자들에게 직접 시행하고 싶었기 때문이다.

학생들에게 뜸을 떠주기 시작했는데 예상보다 효과가 좋았다. 쑥뜸은 부작용도 없어 아이들 건강에 도움이 되었고, 교사가 직접 제자의 건강을 챙기면서 사제지간의 정도 두터워졌다.

학생들은 매일 공부만 하라고 닦달하는 선생님이 아닌 자상한 손길로 뜸을 떠주는 선생님에게 사랑과 정을 느꼈을 것이다. 1년 동안 뜸을 떠주다 보니 반 학생들이 대부분 김창호 선생님의 손을 거치게 되었고, 뜸을 떠주면서 마주 앉아 자연스럽게 상담도 할 수 있어 더욱 가까워졌다. 그러다 보니 체질과 생활습관 고민 등 많은 이야기를 나눌 수 있어 스승과 제자의 벽이 무너지고 부모보다 선생님을 더 따르게 되었다.

그렇게 1년을 지내니 그 반은 유독 문제가 없고 단합이 잘되는 반으로 성장했다. 학생들은 문제가 생기기 전에 미리 달려와 상담했고 새 학년이 가까워지니 모두 헤어질 일을 섭섭해했다.

최근에 교사나 학생들이 예전 같지 않다는 말이 많이 나온다. 학생을 위해 모범적인 모습을 보이는 훌륭한 인격을 갖춘 교사도 흔하지 않고, 스승을 무한한 존경심으로 대하는 제자도 흔하지 않다. 그러다 보니 교사는 학생 탓을 하고, 학생은 교사 탓을 한다. 서로가 서로에게 변질되었다고 말한다.

상대를 탓하기 전에 21세기에 맞는 변화로 자신을 무장해 보이는 것, 아마도 그것이 김창호 선생님식의 해법이리라. 만약 누군가 당신이 원하는 만큼 대우를 해주지 않는다면 그들이 바뀌길 기다리기 전에 스스로 준비하고 변화시켜보라.

| 감동을 주는 사람이 되라 |

선박왕 오나시스가 남긴 말 가운데 우리에게 큰 깨달음을 주는 말이 있다.

"세계에 있는 돈을 한군데 모아 60억 인구에게 골고루 분배해도 3년만 지나면 다시 주인에게 돌아가게 마련이다."

주위를 살펴보면 하는 일마다 성공하는 사람이 있는가 하면 그 반대인 사람도 있는데, 자기 그릇의 크기는 자기가 결정한다는 것을 알아야 한다. 자신을 정성껏 갈고닦아야 큰 그릇, 좋은 그릇이 되어 명품으로 변하는 것이다.

뉴욕 한인 타운에 있는 '센추리 헤어 토탈'은 김은희 씨가 운영하는 미용실로, 고객들에게 손꼽히는 명소가 되었다.

으뜸이 되지 않으면 으뜸가는 서비스를 제공할 수 없음을 느낀 김은희 씨는 귀국하여 숙명여대 등지에서 4년 동안 수학하고 돌아가 자신이 터득한 기술을 직원들에게 아낌없이 전수해주었다.

김은희 씨의 실력이 입에서 입으로 소문나자 일본 등 다른 나라에서 그녀를 초청하여 세미나를 열었다. 여기서 꽤 많은 소득도 발생하지만 무엇보다 한국인으로서 다른 나라 사람을 지도한다는 데 더 큰 보람이 있다고 말한다.

자영업에서 성공하려면 고객의 심리를 꿰뚫어보는 지혜가 필요하다. 까다로운 손님은 아무리 정성껏 해주어도 맘에 들지 않는다며 불평을 한다. 이럴 경우 두말없이 돈을 환불해주고 다시 오면 더 좋은 서비스를 제공하겠다며 무료 티켓을 함께 준다. '손님은 틀려도 옳다'는 생각을 하기 때문이다.

사람들은 아무리 바빠도 자기 단골에게 머리를 맡긴다. 그러나 애써 찾아갔는데 그 미용사가 독립했거나 다른 곳으로 갔을 경우 김은희 씨는 일하다 말고 전화번호와 약도까지 정확히 친절하게 안내해준다.

이왕 찾아온 고객이니 자신의 손님으로 받기 위해서라도 귀국했다거나 모르겠다고 할 수도 있는 일이지만, 전 직원을 찾아온 손님은 어디까지나 그 직원의 손님이라고 생각하기 때문이다.

직원에게 말로만 '나는 당신들과 가족이라는 생각으로 운영합니다' 한들 실천이 따르지 않는다면 직원은 그 말을 신뢰하지 않을 것이다.

그러나 미용실을 옮긴 전 직원이 있는 곳의 약도까지 친절히 가르쳐주는 걸 보면서 직원들은 깊은 신뢰가 저절로 쌓일 것이다. 그러한 믿음은 곧 일에 대한 능률로 연결되어 높은 수익을 올릴 수 있고 평판도 좋아진다.

고용주에 대한 신뢰 여부는 피고용인들의 이직률을 보면 금방 알 수 있다. 김은희 씨 미용실에서 일하는 디자이너들은 한번 들어오면 이직하지 않아 15년씩 함께 일하는 사람도 있다고 한다.

그렇게 고객 중심, 직원 중심으로 사랑경영을 하다 보니 화기애애한 분위기가 만들어져 업소는 1년 내내 웃음꽃이 만발한다.

바로 그것이 오늘날 김은희 씨를 최고의 자리에 올려놓을 수 있었다. 혼자 잘났다고 해서 성공하는 장사나 기업은 없다.

직원들과의 화합, 고객 감동이 따라줄 때 사업주의 성공도 보장받을 수 있다. 마음을 비우고 진심으로 대하면 상대도 그 마음을 알아주고 인정해주는 날이 온다는 걸 명심하라.

| 조건 없이 믿어줘라 |

사람은 믿어주면 믿을 만한 행동을 하지만 믿지 않을 때는 그에 상응하는 실망스런 행동을 보여준다.

안양교도소를 처음 지었을 때는 담장이 없었는데도 별 사고가 없었다. 그런데 담장을 높이 쌓고 난 다음부터 탈출하거나 탈출을 기도하는 사건이 생겨나기 시작했다.

경북 구미시 산동면 백현리 923번 지방도 옆에 자리 잡은 '무인 주막'은 주인 없이 운영되는 술집으로 2001년 4월에 문을 열었다. 주인 박계수 씨는 사람에게는 선과 양심이 있음을 믿고 자율적으로 주막을 운영하고 있다. 주인 없이 손님이 알아서 찾아 요리해 먹고 양심껏 돈을 내고 가도록 한 것이다.

농사를 짓는 박계수 씨는 아침에 고기와 상추 등 안주 재료와 술, 음료 등을 냉장고에 채워놓고 가끔 와서 청소를 할 뿐이다. 하지만 탁자 두 개에 평상 하나, 방 세 개가 전부인 그의 주막에는 손님이 끊이지 않는다.

"나이를 먹다 보니 가만히 앉아서 대한민국 사람 다 불러들일 방법이 없나 궁리했습니다. 그러다 '문패도 번지 수도 없는 주막에……'라는 노래가 떠오르고 고속도로의 무인 카메라가 떠올라 저도 무인 주막을 만들어보자는 생각이 들었지요. 그러던 것이 어느새 이 일대의 명소가 됐습니다."

그는 1000여 평에 달하는 밭에서 나는 풋고추나 옥수수를 내다 팔아본 일이 없을 정도로 사람들에게 나눠주길 좋아하는 시골 농사꾼이다. 마음 맞는 손님에게 자신이 만든 지압용 방망이나 손수 쓴 글을 한 장씩 나눠주기도 하고, 젊은 사람에게 '입으로는 배를 채우지만 마음으로는 머리를 채워라' 라며 마음의 양식을 전해주기도 한다.

돈을 벌진 못하더라도 같이 즐기기 위해 만든 주막이지만 먹고 난 뒤 청소를 하지 않거나 돈을 내지 않고 그냥 가버리는 사람도 있어 한때 문을 닫은 적도 있다. 그래도 변함없이 멀리서도 찾아오는 손님을 위해 다시 문을 열었다.

"직원이 있어 속을 썩이길 합니까? 퇴직 걱정할 일이 있습니까? 무인 주막을 생각한 것만 해도 조상님에게 행운을 많이 받았다고 생각합니다. 사람의 운명은 정해져 있다 할지라도 선을 쌓으면 그 운명도 바꿀 수 있지요. 무인 주막은 믿음을 회복하여 서로 믿고 사는 나라, 우리나라 좋은 나라의 밑거름이 되리라고 믿습니다."

그의 소망대로 서로 믿고 사는 사회만 된다면 고민할 게 없겠다. 사실 상대방에게 아무 조건 없이 믿어달라고 말은 하면서도 우리는 정작 의심의 눈길을 잠시도 풀지 않는다.

우리 모두 무인 주막을 여는 마음으로, 그리고 무인 주막에 와서 자율적으로 먹고 계산하는 손님의 마음으로 살아간다면 얼마나 좋을까.

| 가족이 있기에 내가 있다 |

GE의 제프리 이멜트 회장이 내한했을 때, 그는 한 시간에 한 가지 씩 약속을 소화하며 엄청난 시간관리 노하우를 보여주어 관계자들을 경탄하게 했다.

"느림의 미학에 대해 어떻게 생각하는가?"라는 질문에 그는 "내가 다운 시프트(금전적 수입과 사회적 지위에 초연하고 느긋하게 살기)하면 우리 공장 노동자는 누가 먹여 살리겠는가?" 하고 대답할 정도로 매우 열정적으로 일하는 사람이다.

생산성이 저하되면 그 조직은 살아남지 못한다. 남이 한 걸음 걸을 때 두 걸음 걸어야 하고, 남이 뛰면 나는 날아야 한다. 남과 같이 해서는 남을 앞서지 못한다.

이 같은 속도전에 충실하다 보면 자칫 삶에 지치고 건조해져서 가정에는 충실하지 못할 거라고 생각하지만, 꼭 그런 것만은 아니라는 것을 그를 보면 알 수 있다.

제프리 이멜트 회장만큼 가정적인 사람도 찾아보기 힘들다. 방한 중 주요 인사의 약속 제안이 들어왔는데도 아내와 선약이 있다고 사양할 정도였다. 분초를 다투는 스케줄이지만 결코 가정이 우선순위에서 밀리지 않아야 한다는 것이 그의 지론이다.

그런 점에서 GE코리아의 이채욱 회장도 같은 생각을 하고 있다. 그는 진정한 성공이란 가족과 동료, 선후배에게까지 진심으로 인정받는 것이라고 굳게 믿는다. 복종이 아니라 공감하게 하는 상사, 경원이 아니라 존경받는 가장이 되는 것이 진정한 성공이라고 생각하기 때문이다.

늘 바빠 가족과 자주 함께하지는 못하지만 마음으로는 가족에 대한 배려를 잊지 않았던 게 이 회장의 가족경영 비결이었다. 그는 해외 출장 중에도 가는 곳마다 그림엽서를 꼭 챙겨 세 딸에게 사랑의 안부를 전하는가 하면, 너무 바빠 글 한 줄 쓸 겨를이 없을 때는 엽서에 '?'만이라도 적어 보내기도 했다고 한다.

그런 시간이 흘러 오늘날 그는 아내와 자식에게 인정받고 존경받는 가장이 되었다.

"나는 딸만 셋인데 애들이 모두 저를 존경한다고 말합디다. 다국적 기업에 근무하는 특성상 외국으로 많이 돌아다녀야 하기 때문에 아이들과 대화를 많이 못하는 게 늘 마음에 걸렸지요. 싱가포르에 근무할 때였습니다. 셋째딸이 생일 축하한다고 전화로 친구 15명과 함께 생일 축하 노래를 들려주는데 그 감동이란…… 온몸에 전율이 흐르는 것을 느꼈습니다. 정말 인생 잘 살았다는 생각이 절로 들었지요."

가장이 가정을 진심으로 소중하게 생각해야만 자식들에게도 제대로 존중받고 인정받는다. 세상에 공짜는 없는 법이다.

"CEO의 특성 가운데 하나는 상대방의 말을 경청하고 권한을 위임하는 것 아닙니까. 그것이 가족경영에도 유용했던 것 같습니다. 작게는 외식을 하더라도 아이가 먹고 싶은 음식을 스스로 결정하게 하고, 크게는 외국 주재근무 중에 막내딸과 살 때는 집 선택까지도 맡겼지요. 나도 편하고 아이들은 스스로 자존감을 느낄 수 있어서 좋고……."

이 회장의 그런 노력이 없었고, 그리하여 충분히 행복한 가정을 이루지 못했더라면 어떻게 달라졌을까? 가족에게 인정받지 못하는 가장은 밖에 나가서도 일에 전념할 수 없다. 바쁘다는 핑계로 가정을 소홀히 하는 걸 합리화하는 가장은 결국 일에서도 핑곗거리가 많게 마련이다.

일을 사랑하고 열정이 있다면 자신의 가정을 먼저 지키고 안정시키는 노력을 해야 한다. 행복하고 안정된 가정에서 성공 에너지가 제조되기 때문이다.

이상헌의 프로가 되는 50가지 방법

　언제 어떤 상황에서든 자신이 정한 목표를 이루기 위해 최선을 다하느냐, 그저 되는 대로 사느냐에 따라 프로와 아마추어가 결정 난다. 세상에서는 1등부터 100등까지 점수를 매겨 줄을 세우지만 진짜 자기 점수는 자신이 가장 잘 안다. 자신과의 싸움에서 승리한 사람은 할 수 있다는 자신감이 넘치지만, 늘 어려운 것은 피하고 도망만 다닌 사람은 자기 능력을 깨우치지 못해 해보기도 전에 포기한다.

　한 번뿐인 인생에서 승리자로 기록되기 위해서는 프로가 되어야 한다. 프로의 특성을 읽고 또 읽으며 전부 자기 것으로 만들자. 세포 하나하나에 입력시키면 180도 다른 삶을 살아갈 수 있다.

01. 자기 전부터 내일 아침이 기다려진다. 일을 즐길 생각에 가슴
이 벅찬 것이다.

02. 들어온 떡만 먹지 않는다. 나가서 직접 떡을 만들어 온다.

03. 성공적인 미래를 영상화한다. 마음에 찍은 사진만 현상되는
것이다.

04. 어려운 일을 찾아서 한다. 쉬운 일에는 성취감이 없다.

05. 작은 일도 정성을 다한다. 프로에게는 일이 신앙이요 종교다.

06. 문제가 생기면 자신에게서 원인을 찾는다. 남 탓하는 것은 비
겁한 변명이다.

07. 현실에 안주하지 않는다. 더 나은 방법을 찾기 위해 동분서주
한다.

08. 변화야말로 최상의 유지다. 그날이 그날이면 퇴보는 정해진
수순이다.

09. 그림자를 보며 울지 않는다. 등 뒤에 있는 밝은 태양을 바라
본다.

♣

10. 밤을 두려워하지 않는다. 밤이 가면 반드시 아침이 온다.

11. 수시로 자신을 점검한다. 문제가 생기면 재빨리 정비한다.

12. 오늘 일을 내일로 미루지 않는다. 내일은 내일의 할 일이 있다.

13. 최후의 순간까지 희망을 잃지 않는다. 희망을 잃으면 더 이상
잃을 것이 없다.

14. 과거에 집착하지 않는다. 과거는 흘러간 물이다.

15. 평생 학생의 마음을 갖는다. 인간은 죽는 날까지 완성되는 과정
에 있다.

♣

16. 입을 닫고 귀를 연다. 경청하는 사람이 최후의 승리자가 된다.

17. 자기 관리에 철저하다. 승부는 하루아침에 결정 나는 것이 아
니다.

18. 최후의 경쟁상대는 자기 자신이다. 나를 이기는 것이 진정한
승리다.

19. 맡은 일에 정성을 다한다. 정성만이 기적을 창조한다.

20. 입에 맞는 떡만 찾지 않는다. 떡에 맞게 입을 고친다.

21. 풀 한 포기도 소중히 여긴다. 생명 중에 귀하지 않은 생명은
없다.

22. 한 가지 방법만 고집하지 않는다. 방법은 하늘의 별만큼이나
많다.

23. 자기 분야의 전문가가 된다. 적당주의자는 프로가 되지 못한다.

24. '돌 하나에 새 한 마리'는 고정관념이다. 더 많이 잡기 위해 연
구를 거듭한다.

25. 물 한 잔을 마셔도 근원을 생각한다. 근원 없는 결과는 없다.

26. 아픔을 고통으로 끝내지 않는다. 끝내 아픔을 기쁨으로 승화
시킨다.

27. 무사안일을 경계한다. 무사안일은 죽음에 이르는 병이다.

28. 언제나 유연하게 행동한다. 경직되어 있으면 소통할 수 없다.

29. 프로에게 만족은 없다. 언제나 그 다음 목표를 생각한다.

30. 목표는 돈이 아니라 성취다. 성취를 통해 돈, 명예, 행복의 3 관왕을 이룬다.

31. 누구를 만나든 우호적인 태도를 취한다. 적군도 내 편으로 만 드는 특급 기술이다.

32. 찬밥, 더운밥 가리지 않는다. 뱃속에 들어가면 찬밥도 더운밥 이다.

33. 남이 잘되게 돕는다. 그것이 곧 나를 돕는 일이다.

34. 자기 눈으로 모든 것을 판단하지 않는다. 관점은 서로 같을 수 없기 때문이다.

35. 실패에서도 성공을 배운다. 실패를 뒤집으면 성공이 된다.

36. 바른 자세를 유지한다. 어떠한 상황에서도 중심을 잃지 않는다.

37. 남을 인정한다. 그럼으로써 내가 인정받음을 알기 때문이다.

♣

38. 넘어진 돌을 디딤돌로 활용한다. 손해도 이익으로 만든다.

39. 적극적인 언어만 사용한다. 말의 위력을 알기 때문이다.

40. 포기는 곧 죽음이다. 1%의 가능성에도 도전한다.

41. 약속은 생명이다. 하늘이 무너져도 약속은 지킨다.

42. 아마추어는 문제에 집착한다. 프로는 해답 찾기에 집중한다.

43. 실패를 두려워하지 않는다. 그 또한 성장의 과정이기 때문이다.

44. 자만하지 않는다. 자만하는 순간이 시험받는 순간이다.

45. 미워도 미워하지 않는다. 미움의 독버섯이 나를 망가뜨리기 때문이다.

46. 프로에게 일은 오락이다. 포로에게만 노동이 되는 것이다.

47. 남을 심판하지 않는다. 심판은 내 관할이 아니라 창조주의 관할이다.

48. 돈이 재산이 아니라 사람이 재산이다. 돈 때문에 재산을 잃지 않는다.

49. 만원 버스 다음에는 빈 버스가 온다. 현재가 힘들어도 참고 견딘다.

50. 매일매일이 새 날이다. 세상을 처음 나온 감동으로 살아간다.

3장

시련은 있어도 실패는 없다

진정한 성공은 시련과 역경을 통해 얻어진다. 불에 달궈진 쇠를 두드리면 두드릴수록 강해지는 것처럼, 돈 많은 부모 밑에서 고생하지 않고 잘 입고 잘 먹으며 자라 부모 도움으로 이룬 성공은 진정한 성공이라 할 수 없다.

| 시련은 있어도 실패는 없다 |

자기 처지를 지나치게 부정적인 시각으로 바라보면 아무것도 할 수 없다. 자신에게 '없고' '부족한' 것만 생각하다 보면 그런 것만 보이지만, 남들보다 '더 많고' '더 있는' 것을 생각하면 새로운 희망이 생긴다.

1880년 미국에서 태어난 헬렌 켈러는 첫돌도 되기 전에 큰 병을 앓아 시력과 청력을 잃고 말도 할 수 없는 '삼중고'의 장애인이 되어 일곱 살이 될 때까지 제멋대로 행동하며 자랐지만, 부모는 긍정적이고 낙천적이어서 절망 대신 희망을 선택했다.

그때 헬렌 켈러 앞에 나타난 설리번 선생은 어둠 속을 헤매던 헬렌 켈러에게 사랑과 인내로 말과 글은 물론 인생의 참의미를 깨우쳐주었다. 헬렌 켈러는 20세에 하버드대학교에 입학함으로써 세계 최초로 대학 교육을 받은 맹농아자가 되었고, 1904년에 우등상장을 받으며 졸업할 수 있었다.

당시 마크 트웨인은 그녀에게 '삼중고를 안고 마음의 힘, 정신의 힘으로 오늘의 영예를 차지하고도 아직 여유가 있다' 는 찬사를 보냈다. 그녀의 노력과 정신력은 전 세계 장애인은 물론이고 어렵고 힘들게 사는 사람에게 희망을 안겨주었다.

헬렌 켈러는 그 뒤 강연과 봉사활동으로 '빛의 천사' 로도 불렸는데, 설리반 선생은 헬렌 켈러에게 늘 다음과 같은 말을 되풀이했다.

"시작하고 실패하는 것을 계속하라. 실패할 때마다 무엇인가 성취할 것이다. 네가 원하는 것을 성취하지는 못할지라도 무엇인가 가치있는 것을 얻게 되리라. 따라서 시작하는 것과 실패하는 것을 계속하라."

1937년에 우리나라도 방문한 적 있는 그녀는 힘들고 긴 시련을 극복하고 정상적인 사람도 쉽게 쓸 수 없는《나의 회상록》,《내가 살고 있는 세계》,《믿음을 가지고》등 유명한 저서를 남겼다.

맨 처음 'water' 라는 말 한마디를 배우는 데 7년이 걸렸지만 시련을 극복하겠다는 의지로 그리스어, 라틴어, 프랑스어 등에 통달하여 전 세계인에게 큰 감동을 주었다.

"태양을 볼 수 있는 사람은 행복하고, 볼 수 없는 사람은 불행한 것이 아닙니다. 중요한 것은 마음입니다. 마음속에 빛을 갖는 것입니다. 힘과 용기를 가지세요."

미국의 세계적인 시사 주간지 〈타임〉은 20세기 위대한 100명의 인물에 그녀를 올리면서 '기적의 헬렌 켈러'라는 제목으로 그녀의 인간 승리 드라마를 소개하기도 했다.

자신이 처한 환경이 비관적이어서 원망스럽더라도 굴복하지 말고 이겨내야 한다. 우리보다 더 비참하고 좋지 않은 상황에서도 포기하지 않은 헬렌 켈러처럼.

자신에게 닥친 시련을 극복해야겠다고 결심했다면 먼저 그것을 확실하게 극복하겠다는 마음을 가져라. 헬렌 켈러의 경우를 보더라도 극복하지 못할 시련은 없다. 극복할 수 없을 거라고 지레 포기하는 것이 문제가 될 뿐.

| 시련에 감사하라 |

진정한 성공은 시련과 역경을 통해 얻어진다. 불에 달궈진 쇠를 두드리면 두드릴수록 강해지는 것처럼, 돈 많은 부모 밑에서 고생하지 않고 잘 입고 잘 먹으며 자라 부모 도움으로 이룬 성공은 진정한 성공이라 할 수 없다.

아픔을 겪으면서도 하늘을 향해 높이 뛰어오를 때 드디어 영광을 얻는다.

양장점 수습생으로 일하던 코코 샤넬은 사랑하던 남자가 홀연히 자취를 감추고 아이는 병으로 사경을 헤매자 병원비를 마련하기 위해 밤거리에 나와 지나가는 남자들에게 울면서 '나를 사세요' 라고 외쳤고, 그 돈으로 자식의 생명을 구했다.

그리고 기어이 성공하고 말겠다고 하늘에 맹세한 대로 패션과 향장에서 세계 정상에 우뚝 섰다. 대부분의 여성이 한 번쯤 가지고 싶

어 하는 전설의 향수 '샤넬 넘버 5'를 비롯해 클래식 패션 '샤넬룩'
을 창시하여 영원한 신화를 일구었다.

한 세기에 한 번 나올까 말까 하는 샹송가수 에디트 피아프는 뒷골
목 목로주점에서 노래하던 시절 바텐더와 사랑에 빠져 힘들게 살 때
샤넬과 똑같은 경험을 했다.

사경을 헤매는 아이를 살리려고 입술을 깨물고 하루 저녁 몸을 팔
았고, 그 뒤 에디트 피아프는 깊은 슬픔과 고뇌와 절망을 딛고 일어
서는 영혼이 담긴 노래를 부르게 되었다.

생활에서 오는 절절한 아픔이 담긴 그녀의 샹송은 대철학자 사르
트르의 격찬을 비롯해 듣는 이의 심혼을 사로잡아 불멸의 성좌에 올
랐다.

부에노스아이레스의 빈민가에서 태어나 미모와 지략으로 환락가
의 꽃이 되었던 에바 페론 역시 자신의 영혼에 남겨진 상처에서 진주
를 만들어냈고, 그녀의 이야기는 뮤지컬 〈에비타〉로 감동을 주었다.

"내 비록 가난하여 웃음을 팔지만 세상을 바꿀 만한 포부를 지닌
사내가 아니고는 결코 사랑하지 않으리라"고 다짐하던 에바는 패기
만만한 청년 장교 페론을 만나 사랑에 빠지고 그를 부추겨 쿠데타를
일으키게 했다. 썩어빠진 정권은 더 이상 희망이 없다고 느꼈고 도탄
에 빠져 신음하는 백성을 구하기 위해서였다.

페론은 쿠데타에 성공하여 정권을 장악한 다음 아르헨티나에서 가
난을 몰아내 빈민가의 구세주가 되었다.

최근 몇 년 사이 사는 것이 힘들다고 목숨을 끊는 사람이 늘어나고 있다. 남편이 처자식과 함께 자살을 하지 않나, 집 나간 남편을 원망하며 엄마가 아이들과 함께 자살을 하지 않나, 온통 비관적인 이야기뿐이다.

한 번뿐인 인생을 살아가는 데 고민 없는 사람은 아무도 없다. 그러나 걸려 넘어진 돌을 디딤돌로 이용하는 사람은 죽었어도 살고, 넘어진 채로 돌을 탓하는 사람은 살았어도 죽은 사람이다.

자신에게 주어진 시련과 고통만 탓하며 시간을 낭비하는 사람은 결코 시련을 극복할 수 없다. 시련이 닥쳤을 때, 그 시련을 극복하겠다는 의지로 내일을 계획하고 준비하는 자에게 시련은 또 다른 기회일 수 있다.

| 희망과 절망은 동전의 양면 |

　절망과 희망은 손의 앞뒷면과 같아 언제나 공존한다. 다만 자신이 어느 쪽을 보느냐가 문제다.

　99의 절망 속에서도 1의 희망을 바라보는 사람은 천국에서 살고, 99의 희망 속에서도 1의 절망을 보는 사람에게는 어두운 미래만이 펼쳐진다.

　누구에게나 몸속에는 암세포가 있지만 그렇다고 모든 사람이 암 환자는 아니다. 암세포가 활동할 때 비로소 암 환자가 된다. 똑같은 현실도 어떻게 받아들이느냐에 따라 운명이 좌우된다.

　우리의 삶은 문제의 연속이어서 영원한 어둠도 없고 영원한 밝음도 없다. 다만 어떻게 대처하느냐에 따라 결과가 달라지므로 미래에 대해 준비하는 사람은 어떤 어려움도 극복해나간다.

　무엇인가 뜻대로 되지 않을 때 원한이나 원망, 좌절감을 오래 간직하면 질병이 생길 수 있고, 심하면 암이 되기도 한다. 괴롭거나 화나게 했던 일이나 사람을 천천히 떠올리며 '당신을 용서합니다'라고 말한 다음 웃는 것처럼 훌륭한 방법도 없고, 두고두고 괴로워하는 것처럼 어리석은 일도 없다.

어떤 일이나 사람과의 관계에서 실패했을 때 대부분 본전 생각으로 괴로워한다. 내가 이 세상에 태어났을 때 본전을 가지고 온 것이 아니라면 원래 본전은 없다. 기업체 교육과정에 모의 경영게임이 있다. 따지고 보면 우리의 삶도 모의 경영게임이다.

살면서 기쁨과 즐거움을 느꼈다면 그것만으로도 충분히 보상을 받은 셈이다. 미시건대학교의 심리학자인 하우즈가 2754명을 대상으로 9~12년 동안 추적 조사한 결과, 적극적으로 봉사활동을 하는 사람은 사망률이 2.5배 낮았다고 발표했다.

적극적인 사람은 종점을 시발점이라고 생각하고 넘어진 돌을 디딤돌로 활용한다. 문제에 집착하는 것이 아니라 해답을 찾아내는 것이다. 비싼 수업료는 그만큼 가치 있음을 알아야 한다.

좋은 것과 나쁜 것은 따로 오지 않는다는 말이 있다. 좋은 것 중에도 나쁜 게 있고, 나쁜 것 중에도 좋은 것은 있다. 인생에서 실패했다고 여겨지는 순간, 그 안에도 희미한 희망의 불꽃이 살아 있음을 발견한다면 이미 그의 인생은 실패한 게 아니다.

희망의 끈을 놓지 말라

인생의 진정한 프로란 기쁨과 함께 아픔도 나눌 줄 아는 사람이다. 그들은 아이디어도 풍부해서 세상을 훈훈하고 아름답게 만든다.

미국 버지니아주 스털링에 사는 티파니는 외아들 데이비드의 두개골 안쪽에 악성 종양이 자라고 있다는 충격적인 진단을 들었다. 수술하기 힘든 부위에 암세포가 자라고 있는데다 경제적인 능력도 없어 한숨과 눈물 속에 하루하루를 보낼 수밖에 없었다.

생명만은 건져야 한다는 생각에 의사들을 만났지만 한결같이 고개를 저었다. 그러나 희망을 잃지 않고 수소문한 끝에 로스앤젤레스에 있는 시더스-사이나이 의료센터의 레이어 샤히니언 박사를 찾아냈다.

그는 두개골을 절개하지 않고 내시경으로 암세포를 제거하는 수술의 권위자였다. 그러나 10만 달러에 달하는 수술비를 마련할 길이 없는 티파니는 한 가지 아이디어를 냈다.

미국 인터넷 경매 사이트 이베이(ebay)를 통해 자선경매를 하기로 한 것이다. 그녀는 데이비드의 사연을 이베이에 소개하면서 '프랭크 는 반드시 죽어야 한다(Frank Must Die)' 라는 문구의 자동차 범퍼용 스티커를 경매에서 판매하기로 했다. 여기에서 '프랭크' 는 데이비드 가 자기 머릿속의 암세포에 붙인 이름으로, 소설 속의 괴물 프랑켄슈 타인을 줄인 말이다.

사연을 알게 된 네티즌은 감동을 받았고, 경매는 몇 주일 만에 16만 건의 조회 수를 기록할 만큼 큰 인기를 끌었다. 경매가 진행되면서 미국 등 전 세계에서 4만 달러의 성금이 모였고 스티커를 사겠다는 사람들이 줄을 이었다.

70여 명이 참가한 경매에서 스티커는 인터넷 카지노 회사 'Golden Palace.com' 에 1만 700달러에 낙찰됐다.

이들의 눈물겨운 노력을 전해들은 샤히니언 박사와 병원 측은 수 술비를 받지 않고 종양 제거수술을 해주었다. 그리고 2주 후 수술 결 과가 나왔는데, 암세포가 모두 제거됐다고 했다.

이 말을 들은 티파니는 자식의 생명을 건졌다는 안도감과 감격으 로 목이 메었다.

"지난 2년 동안 우리 가족이 힘겨운 싸움을 이겨낼 수 있도록 도움 을 준 모든 분께 감사드립니다. 감사합니다. 감사합니다."

의료진은 만일에 대비해 앞으로 몇 년 동안 데이비드의 건강을 수 시로 점검해주기로 했다. 데이비드의 가족은 경매 낙찰금 1만 700달러를 모두 버지니아주 어린이 암 치료 기관에 기부했다. 고마움도 함께 공유해야 한다고 생각한 것이다.

최악의 상황에 처한 티파니가 아무런 시도도 해보지 않고 좌절했다면 그녀는 비극의 주인공이 되었을 것이다. 그러나 그녀는 자기 손에 아무것도 없다고 생각한 순간 그 손을 믿었다. 그리하여 아들을 살려내고 감동의 주인공이 되었다.

| 인생은 마라톤이다 |

인생은 마라톤 경주와 같아 끈질긴 인내심 없이 42.195km의 풀코스를 뛰기는 정말 힘들다. 뛰다가 힘들어 더 뛰지 못하고 포기하는 사람도 있고, 뜻하지 않은 사고가 생기기도 하지만 마라톤 인구는 해마다 기하급수적으로 늘어난다. 마라톤에는 그만큼 보이지 않는 매력이 있기 때문이다.

그런 점에서 현대중공업 민계식 부회장(63세)은 프로 중에 프로다. 그 나이에 마라톤을 할 수 있으리라고는 아무도 상상하지 못했지만 그에게는 마라톤을 하면서 만들어진 지칠 줄 모르는 저력과 인내력, 도전정신이 있다.

민계식 부회장은 새해 벽두를 마라톤으로 장식했다. 그는 산업계에서 손꼽는 마라톤 맨으로 지금도 마라톤 풀코스를 2시간대에 뛰는 강자 중에 강자다.

그 나이라면 마라톤은커녕 풀코스의 10분의 1 거리를 걸어가라고 해도 엄두가 안 나 포기하는데, 그는 젊은이 못지않은 투지와 패기를 보여주었다.

그는 마라톤 이야기가 나오면 갑자기 눈이 빛나고 온몸에 활기가 넘친다. 파블로프의 조건반사가 작용하는 것인지도 모른다. 그에게 마라톤은 아내보다 더 가까운 한 부분이 되어 마라톤 없는 삶은 등대 없는 부두요 오아시스 없는 사막이다.

"많은 스포츠가 있지만 마라톤이 최고인 이유가 있어요. 가장 서민적인 운동이지만 룰이 간단하고 또 공정해서 시시비비에 휘말리지 않습니다. 그뿐이겠습니까? 정신적·육체적인 힘을 기르는 데 마라톤만 한 운동이 어디 있겠어요. 저는 대학교 재학 시절 마라톤 선수 생활을 한 아버지의 영향으로 어려서부터 달리기에 취미를 붙였고 고교 시절부터 본격적으로 마라톤을 했습니다."

마라톤 풀코스를 70여 차례 완주했고 하프마라톤은 셀 수 없이 뛰었는데, 가장 감동적인 대회는 서울공대 재학 중이던 1961년 9.28 서울수복 기념 마라톤 대회다. 그는 에티오피아의 마라톤 영웅 아베베 선수와 함께 뛰어 2시간 23분 48초의 기록으로 7위를 차지했다.

살다 보면 누구에게나 위기가 있게 마련이지만 그럴 때마다 마라톤에서 배운 인내력이 위기는 헤쳐나갈 수 있는 원천이 되었다.

그는 1994년부터 하루도 거르지 않고 점심시간마다 현대중공업 조선소 부지를 뛰는데, 이를 계기로 자연스럽게 회사에 마라톤 동호회가 만들어졌고, 동호회 중에 가장 활성화된 모임으로 꼽히며 지금에 이르고 있다.

그렇다면 그는 마라톤에서 무엇을 배우는 것일까?

"인생도 경영도 마라톤과 다를 것이 없습니다. 마라톤을 하면서 인내력과 불굴의 정신을 배웠고 이를 회사를 경영하는 데 많이 활용하고 있습니다."

그렇다. 진정한 프로는 자신이 어디에서 무엇을 배워야 하는지 잘 알고 있으며, 그것을 위해서 과감하게 혼신의 힘을 다할 줄 안다.

가만히 앉아 기다리지 말라

학교에서는 배운 범위에서 시험문제가 출제되지만 사회에서는 그런 등식이 통용되지 않는다.

직장에서 일을 시켰을 때 '학교에서는 안 배웠는데요' 등의 말을 하면 웃음거리가 된다. 학교에서는 선생님이 가르쳐주지만 사회에서는 아무도 가르쳐주지 않는다.

취업이 안 된다고 한탄해서도 안 된다. 아무리 경기가 좋아도 아무에게나 문을 열고 '어서 오십시오' 하지는 않는다. 또 아무나 들어갈 수 있는 자리라면 그만큼 가치가 낮다.

잘 달리던 고속도로에도 때때로 정체 현상이 나타나듯 인생도 다를 것 없지만, 아무리 어려운 일이라도 물러나서는 안 된다. 한 번 물러나기 시작하면 계속 물러나게 된다.

이럴 때일수록 희망을 잃지 말고 분발하여 나만의 세계를 구축하는 것이 필요하다. 어느 직장이든 내가 꼭 필요하다면 삼고초려(三顧草廬)도 마다하지 않아야 한다.

인생에는 입학이 없듯 졸업도 없다. 다만 끊임없는 배움만 있을 뿐이다. 내가 배운 것은 무엇인가, 또 무엇을 배울 것인가 끊임없이 자신에게 질문하며 살아가야 한다.

이 세상을 내가 만든 것도 아니니, 세상일이 내 뜻대로 순순히 되어가지 않는 것이 당연하다. 세상이 내 뜻대로 되지 않는다고 한탄하거나 원망하지 말자. 원망과 한탄은 패배로 가는 지름길이다.

인생에는 순탄한 길만 있는 것이 아니어서 위기도 있고 역경도 있고 시련도 있다. 포기하느냐, 용기를 가지고 새롭게 도전하느냐를 선택해야 한다.

인생의 영광은 비둘기처럼 저절로 내 품에 안기지 않는다. 이영표, 박지성을 보라. 그들은 가장 짧은 시간에 가장 높은 소득과 명예를 한 몸에 거머쥐고 세계를 누비고 있다. 이것이 바로 프로의 세계다.

직장이 나타나기를 기다리지 말고 내가 하려는 일에 1인자가 되라. 남도 되는데 나라고 안 될 리 없다. 그러나 그렇게 되려면 대충, 적당히, 어영부영이라는 단어는 영원히 잊어야 한다.

Professional

나는 초등학교 다닐 때 학교까지 거리가 10리나 되었다. 몸이 워낙 약해 출석일수보다 결석일수가 많았지만 성적은 언제나 1등을 놓치지 않았다. 모두 나를 천재라고 했지만 성적이 좋았던 이유는 다름 아니라 '문제집'에 있었다. 문제집 뒤에는 해답이 붙어 있어 혼자서도 충분히 공부할 수 있었다.

나는 그때부터 어떤 문제든 그 뒤에는 해답이 있음을 터득했다. 우리의 삶은 문제의 연속이어서 크든 작든 간에 누구에게나 문제는 있게 마련이다. 그러나 대부분 자신은 심각한 문제가 계속되는데 남들은 평탄한 삶을 살고 있다고 생각한다. 아무런 문제도 없을 것 같은 사람도 속을 들여다보면 문제투성이인 것을 알게 된다.

신문의 퍼즐 중에 미로 찾기가 있다. 커다란 네모에 입구(入口)와 출구(出口)가 있고 그 안에 꼬불꼬불한 길들이 이어져 있는데 빨리 찾느냐에 따라 승부가 결정된다. 나의 주특기는 바로 '미로 찾기' 라서 다른 사람들은 입구에서부터 쩔쩔매지만 나는 번개처럼 길을 찾는다. 모두 입구로 들어가 길을 찾으니 여기저기서 막히는 것은 당연하다. 나는 남들과 반대로 출구로 들어가 입구로 나오는데 한눈에 길이 뻥 뚫려 있음을 알 수 있다.

나는 상담할 때 이 방법을 가르쳐준다. 해답을 알면 고민할 필요가 없다. 삶이란 원래 문제의 연속이지만 문제에 집착하면 집착할수록 해답은 꼭꼭 숨어버리기 때문에 이럴 때일수록 냉정해야 한다. 경찰은 수사하다 막히면 초동수사를 한다. 원점으로 돌아와 찬찬히 살펴보면 그곳에는 반드시 단서가 있다. 실마리만 찾으면 이미 해답을 찾은 것과 진배없다.

이상헌의 스트레스를 격파하는 50가지 방법

질병이나 좌절은 스트레스가 쌓여 만들어진다. 모두가 무서워하는 암도 역시 스트레스와 관련 있다. 희망을 가지고 스트레스를 격파하면 새로운 역사가 펼쳐진다.

01. 웃음은 스트레스를 줄이고 면역력을 높인다. 큰 소리로 웃어라.

02. 뜨겁게 사랑하라. 엔도르핀의 4000배 효과인 다이도르핀이 생성된다.

03. 즐겁게 도전하라. ‘좋은 스트레스’는 ‘나쁜 스트레스’를 KO

시킨다.

04. 매사를 긍정적인 시각에서 바라보라. 보는 것만 현실로 나타
난다.

05. 아침식사는 꼭 하라. 아침식사는 하루의 활동을 시작하는 에
너지다.

06. 자신의 모습을 180도 바꿔보라. 겉모습이 변하면 속모습도
변한다.

♣

07. 대청소를 하면 속까지 후련하다. 집 안만 아니라 몸도 마음도
대청소하라.

08. 눈앞의 문제에 집착하지 말라. 시각을 바꾸면 문제도 별것 아
니다.

09. 유머를 생활화하라. 즐거움 속에는 스트레스가 발을 못 붙인다.

10. 생각은 하면 할수록 고착된다. 싫은 게 떠오르면 기분 좋은 이
미지로 바꿔라.

11. 누가 뭐란다고 속상해하지 말라. 그가 한 말은 그에게로 돌아
간다.

12. 신문, TV의 마음 상하는 뉴스는 보지 말라. 속이 상하면 속병
이 든다.

13. PC와 휴대전화도 사용하지 않는 날을 만들라. 그 시간에 마음
을 비워보자.

14. 감동의 기억만 되살려 일기에 써라. 감동을 재생하면 인생이 달라진다.

15. 싫은 일은 적당히 거절하라. 거절하지 못하니까 스트레스가 된다.

16. 생각과 감정을 솔직하게 표현하라. 그것이 자기 해방이다.

♣

17. 문제와 정면으로 맞부딪치지 말라. 시간을 두고 지켜보라.

18. 아침에 눈을 뜨면 만세 삼창을 불러라. 기쁨의 에너지가 충만해진다.

19. 할일이 많을 땐 순서대로 메모하라. 그것만으로도 심리적 안정을 찾는다.

20. 지난 것에 집착하지 말라. 과거와 미래는 번지수가 다르다.

21. 남과 나를 비교하지 말라. 남은 남이고 나는 나다.

22. 여행을 떠나라. 즐거운 자극으로 뇌를 새롭게 한다.

23. 신나는 음악에 맞춰 춤춰라. 노래와 춤은 신바람의 키워드다.

24. 김연아의 훈련법을 도입하라. 눈 감고 최상의 상태를 영상화하면 된다.

25. 워킹, 수영, 참선 등을 해보자. 신경안정 물질인 세로토닌의 분비가 늘어난다.

26. 돈이면 다 된다는 생각을 버려라. 부자의 스트레스는 일반인의 수십 배다.

27. 화초나 동물을 키워보자. 오감에 대한 기분 좋은 자극이 수반
된다.

28. 최악의 상태를 생각하지 말라. 그것이 현실로 나타날 확률은
1%도 안 된다.

29. 좋은 친구를 만나 긍정의 기운을 받아라. 좋은 변화가 나타난다.

30. 모든 언어를 긍정적으로 바꿔라. 100%의 긍정이 기적을 창조
한다.

31. 10분간 눈 감고 애국가를 4절까지 반복하라. 뇌의 활동이 안
정된다.

32. 다니는 코스를 바꿔보자. 한두 정거장 걷는 것도 좋은 방법이다.

33. 애인이나 친구를 껴안아보자. 스킨십의 이완 효과가 스트레
스를 박멸한다.

34. '안 되는 줄 알면서 왜 그랬을까'를 부르지 말라. '좋아졌네
좋아졌어'를 불러라.

35. 모든 문을 활짝 열고 환기시켜라. 새로운 기가 들어오면 기분
이 좋아진다.

♣

36. 손은 외부에 있는 두뇌다. 손을 쓰는 만큼 두뇌도 진화한다.

37. 등 푸른 생선을 먹자. 오메가3 지방산이 부족하면 기분이 울
적해진다.

38. 미네랄을 섭취하자. 심신이 최적의 상태로 돌아온다.

39. 물을 충분히 마셔라. 꽃도 사람도 물이 오르면 싱싱하고 탱탱해진다.

40. 하늘이 무너져도 솟아날 구멍이 있다. 구멍 찾기의 달인이 되라.

41. 자기 전에 스트레칭을 하고 자라. 근육이 이완되어 숙면을 취할 수 있다.

42. 마사지를 하라. 스트레스 호르몬 양이 감소하는 것이 증명되었다.

43. 모차르트를 들어라. 음악치료에서 권장하는 곡목이다.

44. 노래방에서 큰 소리로 노래하라. 심신의 긴장이 모두 풀어지고 활력이 생긴다.

45. 경기를 관전하며 큰 소리로 응원하라. 함성을 지를 때 10년 묵은 체증도 빠져나간다.

46. 단전호흡을 해보자. 천천히 깊게 호흡하면 긴장이 완화되고 의식이 변화한다.

47. 취침 전 따뜻한 우유를 마셔라. 수면을 촉진하는 멜라토닌이 증가한다.

48. 술에 의존하지 말라. 술은 문제를 풀어주는 해결사가 아니다.

49. 좋은 스트레스는 활동의 에너지원이다. 적절한 긴장감으로 삶의 활력을 부여하라.

50. 고민이 생기면 하룻밤 자고 나서 생각하라. 자는 동안 깨달음이 온다.

4장

성공할 이유는 따로 있다

성공과 실패의 차이는 그리 큰 데 있지 않다. 과거에 집착하느냐 미래를 향해 도전하느냐의 차이가 있을 뿐이다. 부부가 다툴 때마다 과거를 들추는 것은 미래의 행복을 포기하는 어리석은 행동이다. 행복은 과거에 있는 것이 아니라 미래에 있기 때문이다.

| 작은 것을 소중히 하라 |

마라톤 대회에서 우승한 선수에게 달리는 동안 무엇이 가장 힘들었느냐고 물었더니 '나를 가장 괴롭힌 것은 우승을 다투던 경쟁자가 아니라 신발 속에 들어 있던 모래알이었다' 라고 했다.

그처럼 살아가는 데 자신을 가장 괴롭히는 것은 큰 문제가 아니라 모래알처럼 아주 사소한 문제다. 우리 생활에 큰 영향을 미치는 것은 모래알처럼 아주 사소한 것에서 시작된다.

큰 방죽도 개미구멍으로 무너지고 낙락장송도 작은 씨앗에서 싹이 트고 자라난 결과이고 보면 작다고 무시해서는 안 될 일이다. 성공하지 못하는 사람은 작은 것을 무시한다. 공연히 간덩이만 부어올라 웬만한 것은 간에 기별도 가지 않는 것이다. 너도 나도 로또나 경마, 경륜에 열을 올리는 것도 한탕 크게 해야겠다는 욕심 때문이다.

아이들이 내게 세배를 하면 1000원을 쥐어주는데, 아이들은 대부분 돈을 휴지처럼 주머니에 집어넣고 쏜살같이 나가려 한다. 하지만 나는 아이들을 붙잡아놓고 일장훈시를 한다.

"티끌 모아 태산이라는 말도 있고 천 리 길도 한 걸음부터라는 말도 있으며, 시작은 미미해도 끝은 창대하리라는 말도 있다. 9999만 9000원에서 1000원이 모자라면 1억 원이 되지 못하고, 눈에 보이지 않는 작은 씨톨이 어머니 뱃속에서 자라나 네가 되고 내가 된 것이니 작은 것도 소중히 여겨라."

성공한 사람들의 특징을 조사해온 시카고대학교의 심리학자 미할리 칙센트 미하일 박사는 성공하고 싶으면 일상의 사소한 일을 잘 처리할 수 있는 능력을 키우라고 했다.

남들이 쉽게 지나치는 작은 일을 잘 마무리지으면 얼마 뒤 뜻하지 않은 보상을 얻게 되고 더 큰일을 할 수 있는 자신감과 추진력이 생겨나 계속 발전할 수 있다.

살다 보면 무심코 지나쳐서는 안 될 작지만 중요한 일이 많이 있다. 사소하다고 느껴지는 작은 일은 그다지 우리의 관심을 끌지 못하지만 작고 사소한 일이 큰일을 만들어낸다.

사소하게 지나친 일 때문에 큰 손실을 입는 경우도 심심찮게 볼 수 있다. 우리나라에서 만든 포니자동차가 미국에 수출되어 호평을 받다 어느 날 리콜당하는 수모를 겪었다. 작은 나사 하나를 느슨하게 박은 것이 원인이었지만 나사 하나 때문에 회사가 입은 이미지 손실은 어마어마하게 컸다.

작은 것이 자라 큰 것이 된다. 작은 것을 놓치면 큰 것도 잃게 되고 작은 일을 가볍게 생각하는 사람에게는 큰일도 맡겨지지 않는다. 작은 일을 소중히 여길 때 큰일도 해낼 수 있다. 그러므로 작은 것은 결코 작은 것이 아니라 그 안에서 큰 것이 나온다.

| 이유 없는 실패는 없다 |

누구나 성공하기를 바라지만 성공하는 사람보다 실패하는 사람이 더 많아 97%나 된다. 그러나 실패하는 사람을 보면 능력 부족이 실패의 원인이 아니라 실패할 수밖에 없는 태도로 살기 때문이다.

그들을 살펴보면 대체로 다음 같은 습관을 가지고 있다.

1. 목표 없이 살아간다.

'미아리로 갈까요, 영등포로 갈까요'를 부르며 우왕좌왕하는 사람은 평생 그러다 인생을 마감한다.

2. 해보지도 않고 단념한다.

'해보나 마나 뻔하지. 그게 되면 내 손에 장을 지진다' 하면서 시작도 하기 전에 단념부터 하는 사람은 아예 처음부터 실패를 선택하는 것과 같다.

3. 근시안적인 사고를 한다.

운전할 때 바로 앞의 차만 보고 핸들을 잡는 사람은 위험하다. 몇 대 앞을 내다볼 줄 알고 옆과 뒤도 함께 살펴볼 줄 아는 안목이 필요하다.

4. 학습에 게으르다.

배움에는 끝이 없는데 자기는 모든 것을 다 알고 있다고 착각하고 배우려 하지 않는다.

5. 대인관계가 원만하지 못하다.

내가 먼저 양보하고 남을 배려하지 않는 사람은 들어온 떡도 먹지 못한다.

6. 남의 얘기를 잘 듣지 않는다.

자신의 입은 대문처럼 열어놓고 귀는 굳게 닫아 남의 얘기를 잘 듣지 않는다.

7. 약속을 지키지 않는다.

약속은 잘하지만 지키지 않는 걸 아무렇지 않게 생각하는 사람은 성공과는 거리가 먼 사람이다. 지키지 못할 약속이라면 해서도 안 되며 장난으로 한 약속도 지켜야 한다.

8. 모든 일에 부정적이다.

모든 일에 비판적이고 부정적인 사람은 그 생각과 말로 주위를 오염시키고 부정적인 사람끼리 모여 일을 더욱 복잡하게 만든다.

9. 걸핏하면 분란을 일으킨다.

사소한 일로도 툭하면 분란을 일으키고 쓸모없는 논쟁을 일삼는다. 아무리 좋은 사업도 인간애가 없으면 실패할 수밖에 없다.

10. 삶의 우선순위를 바꾸고 살아간다.

무엇이 가장 중요하고 무엇이 먼저인지 순서를 모르고 뒤죽박죽 살아가는 사람에게 성공의 순서는 오지 않는다.

| 과거에 집착하지 말라 |

성공과 실패의 차이는 그리 큰 데 있지 않다. 과거에 집착하느냐 미래를 향해 도전하느냐의 차이가 있을 뿐이다.

부부가 다툴 때마다 과거를 들추는 것은 미래의 행복을 포기하는 어리석은 행동이다. 행복은 과거에 있는 것이 아니라 미래에 있기 때문이다.

'두 손 꽁꽁 묶인 채로 뒤돌아보고 또 돌아보며 맨발로 절며절며…….' 단장의 미아리 고개를 넘어가는 사람도 문제의 인물이요, '안 되는 줄 알면서 왜 그랬을까' 를 되뇌는 사람도 예외는 아니다.

우리에게 중요한 것은 지나간 날이 아니라 앞으로 다가오는 날이어서 과거는 묻어버리고 미래를 향해 나아가야 한다. 새 술은 새 부대에 담아야 한다.

지나고 보면 안타까운 일, 부끄러운 일, 가슴 아픈 일도 수없이 많겠지만 이런 것을 훌훌 털어버려야 한다.

좋았든 아니든 어제는 어제, 오늘은 오늘이다. 죄를 지었어도 어제의 일이요, 선을 베풀었어도 어제의 일이어서 모든 것을 떨쳐버리고 새 출발해야 한다.

알렉산더 대왕의 군대는 백전백승을 거두었는데, 큰 승리를 거둔 다음부터 이상하게도 전투에서 밀리기 시작했다. 산등성이든 성곽이든 훨훨 날던 병사들이 평지에서도 힘겹게 걷는 것을 본 알렉산더 대왕이 병사들을 평야에 멈추게 한 다음 짐을 검사했더니 배낭에서 비싼 전리품이 나왔다.

알렉산더 대왕이 이것들을 모두 쌓아놓고 불을 지르게 하자 아까워 탄식하는 병사가 부지기수였다. 전리품을 다 태운 다음 진격을 했고 다시 승리를 거두었다.

알렉산더 대왕이 싸우기 위해 출병할 때마다 금은보화를 아낌없이 부하들에게 나눠주는 것을 보고 한 신하가 물었다.

"폐하, 폐하께서는 대체 무엇을 가지시려고 모두 나눠주시는 겁니까?"

"나는 오직 희망을 가질 뿐이다."

이런 노래도 있다.

"지난 것은 무효야, 이제부터 시작이야."

과거의 나쁜 기억과 실패는 잊자. 새롭게 시작하려면 잘 잊어주는 것도 필요하다. 자꾸 뒤돌아보고 과거에 연연하다가 언제 저 미래에 발을 내딛겠는가.

잊을 것은 잊고 버릴 것은 버리는 지혜가 필요하다. 고통이 크면 큰 만큼, 실패가 크면 큰 만큼 과거를 훌훌 털어버리고 오늘과 내일을 생각할 때 희망도 자라는 법이다.

| 자기 값은 자기가 매긴다 |

이 세상은 혼자 살 수 없고, 살아가는 데 가장 힘든 것은 경제적인 문제보다 사람들에게 소외당하는 일이다. 힘들어도 따뜻하게 손을 잡아주거나 위로의 말을 건네는 사람이 있으면 어려움을 극복할 수 있다.

옛날에도 지금처럼 따돌림이 있었던 모양이다. 과거 공부를 하는 가난한 서생이 친구들에게 따돌림을 당하자 어느 날 스승에게 하소연을 했다.

"스승님, 저는 견딜 수 없습니다. 모두 저를 따돌리는데 저처럼 비천한 존재는 살 가치가 없는 것 같습니다. 차라리 죽고 싶습니다."

말없이 듣고 있던 스승은 벽장에서 주먹만 한 돌 하나를 꺼내주며 말했다.

"이 돌의 가치가 얼마나 될 것 같으냐? 시장에 나가 여러 사람에게 물어보고 오너라."

제자가 시장에 나가자 제일 먼저 채소 장수가 눈에 띄었다. 돌의 가치를 물으니 그가 말했다.

"예끼, 사람 놀리지 말게. 이까짓 돌덩이가 무슨 가치가 있나. 쓸데없는 짓 그만하고 저리 가게나."

젊은이는 옆에 있는 정육점에 가서 똑같이 물었다. 정육점 주인은 고개를 끄덕이며 말했다.

"흠, 보통 돌은 아닌 것 같군. 돼지고기 두어 근 값은 쳐줄 테니 놓고 가게."

정육점에서 나온 젊은이는 방앗간 주인에게 가서 물었다. 그 주인은 돌에 흥미를 보이며 말했다.

"내가 돌을 좀 볼 줄 아는데 이 돌은 보통 돌이 아니야. 쌀 한 가마니 값은 나가겠네."

젊은이는 마지막으로 보석가게에 들러 주인에게 보여주었다. 그러자 주인은 벌린 입을 다물지 못했다.

"얼마를 주면 나에게 팔겠나? 돈은 부르는 대로 얼마든지 주겠네. 이 돌은 가격을 매길 수 없을 만큼 엄청나고 희귀한 보석이라네."

젊은이는 돌아와서 시장에서 있었던 이야기를 스승에게 전했다. 다 듣고 난 스승은 빙그레 웃으며 젊은이의 어깨를 두드려주었다.

"보아라, 이 보석같이 네 친구들이 너를 하찮은 돌멩이 값으로 대하거나 돼지고기 두 근 값, 쌀 한 가마니 값으로 취급한다고 해도 너의 가치는 네가 매기기 나름이다."

인간이 세상의 무엇과도 비교될 수 없는 유일한 존재요, 으뜸가는 존재임을 나타내는 '천상천하유아독존(天上天下有我獨尊)'이라는 말을 새겨볼 만하지 않은가!

| 과감히 변신하라 |

무엇인가 가능성이 없다면 과감히 변신해야 한다. 그러나 사람들은 대부분 변신을 두려워한다. 혹시라도 잘 안 되면 어떻게 하나 걱정하며 돌다리만 두드리고 망설인다.

가능성이 전혀 없다는 것은 성취율이 0%지만 변신을 시도할 때는 성취율이 50대50이 된다는 것을 모르기 때문이다.

매장량이 풍부한 유전이라도 언젠가는 바닥이 난다. 그래서 끊임없이 다른 유전을 개발한다. 국가대표까지 지낸 여자 프로농구 선수가 평범한 대학생이 되어 공부해보고 싶은 꿈을 버리지 못해 뒤늦게 도전하여 서울대학교에 입학한 일이 있다.

서울대학교 학생이 졸업 후 프로 스포츠 선수로 활약하는 경우는 있어도 프로선수 출신이 서울대학교에 입학한 것은 매우 이례적인 일이다. 그 주인공은 2005학년도 서울대학교 2학기 수시모집에서 체육교육과에 합격한 23세의 서영경 씨다.

그녀는 2004년 4월까지만 해도 여자 프로농구 우리은행 팀에서 활약한 선수였다. 2001년 신인 드래프트 2라운드 3순위로 입단하여 한때 주전 가드로 활약했고, 국가대표로 뽑히기도 한 유망주였다. 그러나 연습한 만큼 기량이 오르지 않는데다 단신(170cm)이라는 핸디캡까지 있어 이대로 가다가는 벤치에서 선수 생활을 마감할지도 모른다는 불안감에 고민하다 팀을 박차고 나왔다.

초등학교 5학년 때부터 농구를 시작해 숭의여고를 나온 뒤 바로 우리은행에 들어가 농구선수로 뛰어온 그녀는 대학에 진학하겠다는 꿈을 간직하고 있긴 했지만 막상 공부를 시작하려니 쉽지 않았다. 운동부 활동하느라 중·고등학교 때는 수업시간에 거의 잠만 잤고, 입시학원에서 다른 친구들이 다 아는 것을 자신만 몰라 갈등을 겪기도 했다.

공부를 못하는 학생은 '운동이나 해볼까' 하지만 운동도 머리가 나쁘면 하지 못한다. 보통 사람들은 운동선수는 무식하다고 생각하지만 무식해서 운동선수가 되는 것이 아니라 운동에 열중하다 보니 공부할 시간적 여유가 없었던 것뿐이다.

서영경 씨는 대학에 들어가기로 결심한 뒤 매일 아침 8시부터 저녁 8시까지 학원 수업을 받고 집에 돌아와 자정까지 공부하는 강행군을 계속했다. 그 결과 언어와 사탐영역에서 5등급을 받아 최저 합격선을 간신히 넘겼고, 요즘은 학원을 다니며 부족한 영어 실력을 쌓으려 애쓰고 있다.

그런 그녀에게 누군가 물었다.

"공부와 운동 중 어느 것이 더 힘듭니까?"

"공부가 더 힘들지요. 그동안 하지 않았기 때문이에요. 그래서 남보다 배 이상 노력을 하다 보니 재미를 붙였고 이제는 할 만하다는 생각이 듭니다."

농구선수였던 때와 진로를 바꾸어 대학에 입학한 지금 그녀의 인생의 목표는 달라졌다. 그러나 자신의 인생을 행복하고 멋있게 살겠다는 기본 원칙에는 변한 게 없다.

다른 사람도 마찬가지다. 인생의 목표가 한번 정해졌다고 해서 매번 실패를 거듭하면서도 목표를 수정하지 않는 것은 때론 시간을 낭비하는 일이다.

자신이 정한 목표에 최선을 다해 도전하는 일도 중요하지만 아니다 싶을 때는 과감하게 인생 목표를 수정하는 것도 프로 인생을 사는 지혜다.

| 습관이 승패를 좌우한다 |

생각이 행동을 만들고 행동의 반복이 습관을 만들어 운명을 결정한다. 따라서 그 사람이 매사에 무슨 생각을 하고 어떻게 행동하느냐는 매우 중요하다.

매년 1월이면 많은 흡연자들이 금연을 결심한다. 담배처럼 백해무익한 것도 없다는 것을 알기 때문에 금연을 시도하지만 대부분 작심삼일로 끝나고 만다. 흡연을 끊는 것이 그토록 어려운 일일까. 아니면 오랜 흡연 습관을 버리는 것이 어려운 일일까.

그러나 성공도 실패도 어떤 습관에 익숙해 있느냐로 결정된다.

해군 기초 군사학교에 입소한 훈련병 중 몸무게가 많이 나가거나 체력이 약한 사람들만 모아 2004년 4월부터 기수마다 30~100여 명을 특별소대로 편성해 훈련을 실시했다.

이들은 체력이 현저하게 약하고 체중은 80~110kg까지 다양한데,

윗몸일으키기와 팔굽혀펴기를 1~20회도 못할 정도였다. 구보만 해도 다른 훈련병들과 같은 속도로 달리기 어려울 정도이니, 유격훈련이나 행군 등은 말할 것도 없어 학교에서 우열반을 편성하듯 특별소대를 만든 것이다.

토요일마다 몸무게를 측정해 변화를 알려주고 훈련의 강도를 조절하는데 기상, 취침 및 식사 전에 요가와 운동, 구보를 하는 것도 여느 소대와 다르고 식사량도 스스로 줄이고 운동도 자발적으로 하며 살을 뺀다. 훈련 3주째에 몸무게가 9~12kg 빠졌는데, 이들이 먹는 양은 다른 소대원의 30% 수준이다.

이곳에서는 기수마다 한 개 소대를 선발하여 '명예소대' 칭호를 주는데 이 특별소대가 여기에 선정되었다. 명예소대는 훈련 성과와 낙오자 수, 내무 생활 태도 등을 종합해 선정한다. 스스로 극복하려는 의지가 있는 소대가 여기에 뽑힌 것만 봐도 의지가 있다면 불가능이 없다는 것을 알 수 있다.

특별소대에서는 입대 직후와 훈련소 퇴소 직전의 사진을 본인에게 준다. 여기에는 다이어트 광고처럼 몰라보게 달라진 자신의 사진을 보면서 평생 결심을 지속하라는 의미가 담겨 있다.

훈련병은 매일 '수양록'에 글을 쓰는데 '퇴소 후가 더 중요하다', '살과의 전쟁을 영원히 선포하리라' 라고 쓴 사람도 있다.

군대가 힘들다며 가지 않으려고 국적을 포기하는 사람도 많은 요즘, 힘들어도 자신을 극복하려는 이들이 더욱 돋보인다.

해군 교육사령부 유영식 중령은 이렇게 말한다.

"교육에 중점을 두지 않는 군대는 미래가 없습니다. 특별소대의 성공은 병사 개인이 군복무에서 자긍심을 느낄 때 얼마나 달라질 수 있는지 보여주는 사례죠."

군에서 낙오한 이들도 꾸준히 훈련하여 습관을 들이면서 거듭날 수 있었듯이 자신을 어떻게 훈련시키느냐에 따라 인생의 승패가 결정된다. 어떤 습관으로 생활하느냐가 곧 그 자신의 특성이 되기 때문이다.

금연이 이 세상에서 가장 어려운 일이라고 부르짖는 흡연자는 자신의 생활습관을 바꾸고 어떻게 훈련할 것인지 몰두하면 금연이 그리 불가능한 일만은 아니라는 사실을 깨닫게 될 것이다.

Professional

옆에 가게가 있는데도 사람들은 멀고 가깝고를 떠나 단골가게를 찾아간다. 단골손님에게는 서비스가 다르기 때문이다.

무슨 업종이든 단골이 많다면 크게 걱정하지 않아도 된다. 이제 물건만 파는 시대에서 즐거움도 함께 팔아야 성공하는 시대가 되었다. 물건을 파는 집은 많아도 즐거움을 파는 집은 많지 않아 소비자에게 어떻게 즐거움을 팔 것인지에 대한 해답만 찾으면 성공의 열쇠는 이미 쥔 것이나 다름없다.

'총각네 야채가게'라는 간판을 단 야채가게에서는 본점과 7개 지점에 80여 명의 총각 직원이 근무한다. 이 가게들은 18평의 작은 규모지만 매출은 여느 중소기업 못지않다. 이는 외국의 얘기가 아니라 서울 대치동에 있는 야채가게 얘기다.

이 가게의 이름을 그대로 딴 책 《총각네 야채가게》는 이들이 성공하기까지의 과정과 남다른 경영방식을 담고 있다.

대학 졸업 후 트럭 행상을 거쳐 대치동에 처음 가게를 차린 이영석 사장의 성공 비결은 상품을 파는 것이 아니라 즐거움을 파는 데 있다. 바나나를 팔 때는 원숭이를 옆에 앉혀놓았고, 직원들은 매일 난타 같은 즉석 공연을 보여주며 손님을 즐겁게 한다.

최고의 맛과 신선도를 보장하기 위해 가락동 새벽시장에서 물건을 일일이 뒤집어보고 잘라보고 맛보는 것으로도 유명하다. 이 얘기가 입에서 입으로 소문나 하루가 다르게 손님이 늘어나다 보니 백만장자 대열에 올랐다.

책 뒤에는 이 가게의 성공 사례를 바탕으로 마케팅의 성공 요인 분석, 서비스 리더십 점검, 감성 서비스 실천, 점포 체험 투어 등으로 구성된 '총각네 야채가게 교육 프로그램'도 소개하고 있다.

취업이 안 된다고 좌절하기 전에 머리를 남다르게 써서 성공해보자. 누구나 다 같은 능력을 가지고 있다 해도 행동으로 보여주느냐 아니냐가 남을 앞설 수 있느냐 뒤지느냐를 결정한다.

작은 야채가게로 부자가 될 수 있다고 생각하는 사람은 없었다. 게다가 한창 젊은 남자가 야채 장사에 뛰어들었을 때 모두 '비전 없는 장사를 왜 하느냐?'고 생각했을지 모른다.

그러나 지금은 모두 인정하고 그의 장사 수완을 배우려고 한다. 이제 그의 장사는 '장사'라는 말 대신 '경영방식'이라는 단어로 격상되어 표현되고 있다.

그렇게 된 까닭은 그의 남다른 서비스 정신을 인정받았기 때문이다. 돈을 버는 것은 나를 위해서지만 그 과정에서 남도 즐겁게 하는 사람은 인정받으면서 돈을 벌 수 있다. 그게 바로 경쟁력이다.

| 즐기면 즐거워진다 |

성질 급한 거지는 얻어먹지도 못한다는 말이 있다. 이혼이나 이직도 따지고 보면 인내심 부족이 가장 큰 원인이다. '우물을 파도 한 우물을 파라' 는 속담도 끈기의 중요성을 강조한 얘기다.

졸업 때가 되면 기업에서 신입사원을 뽑는다. 그러나 치열한 경쟁을 뚫고 입사했다고 해서 성공적으로 회사 생활을 이어간다는 보장도 없다. 그것은 조직의 문제이기보다 그곳에서 어떻게 적응하느냐의 문제이기 때문이다.

서울과학종합대학원은 경력 5~7년 중간관리자급 직장인 대상의 KEMBA(Korea Executive MBA) 과정 동문을 대상으로 설문조사한 결과, 전체의 52.7%가 요즘 신입사원에게 가장 부족한 것으로 '어려운 일을 견디는 인내심' 을 꼽았다고 밝혔다.

그 다음은 '조직에 대한 애착' 부족이 32.7%를 차지했으며, '실무적인 업무능력'과 '상사와 연장자에 대한 태도 및 예의'를 꼽은 응답 자는 각각 7.7%, 7.0%였다.

'자신의 신입사원 시절과 요즘 신입사원을 비교해 다른 점'으로는 '눈치 보지 않는 자신감(43.3%)'을 가장 많이 꼽았고, '뛰어난 외국 어 구사 능력(31.5%)', '자기 자신을 위해 투자하는 것(20.3%)' 등의 응답이 뒤를 이었다. 가장 선호하는 신입사원 유형으로는 52.0%가 지략가형을 꼽았으며, 분위기 메이커형이 35.3%로 뒤를 이은 반면, 머슴형을 꼽은 응답자는 3.7%로 가장 적었다.

잘못 뽑았다는 생각이 드는 신입사원 유형으로는 '자신 있는 언행 을 보고 뽑았는데 말만 그럴 듯한 신입사원(46.7%)'을 1순위로 꼽았 고, '근면성을 보고 뽑았는데 창의성 없이 주어진 일만 하는 신입사 원(24.7%)'을 그 다음으로 들었다.

부지런히 주어진 일만 황소처럼 하는 직장인은 프로가 될 수 없다. 남보다 앞서기 위해서는 창조적인 사고가 필요하다. 부지런히 일하는 사람은 1+1은 2가 되지만 창의적인 사람은 100도 1000도 만든다.

직장은 놀이터가 아니라 일터라 힘들고 괴로운 일이 종종 생겨나 게 마련이지만, 그 벽을 넘지 못하면 결국 좌절한다. 그러나 견디려 고 하니까 힘들어지는 것이지 즐기려고 마음먹으면 그 순간부터 세 상은 달라 보인다.

삼복더위에 헉헉대며 괴로워하는 사람도 있지만 즐기는 사람도 있 음을 알아야 한다.

| 멀리 내다보는 리더가 되라 |

　미국의 어느 공장에서 갑자기 기계가 멈춰 작업이 중단되자 기술자들이 원인을 알기 위해 이리 뛰고 저리 뛰었지만 원인을 찾을 수 없었다. 결국 외부 전문가를 불러왔다.

　전문가가 기계를 면밀히 살펴보더니 톱니바퀴에 분필로 O를 표시하고 망치로 두세 번 두드리자 기계가 다시 돌아갔다. 모두 환호하며 역시 전문가라고 박수를 보냈다. 그런데 다음 날 1000달러짜리 청구서가 날아오자 회사가 발칵 뒤집어졌고, 전화로 항의했다.

　"겨우 망치로 두세 번 두드리고 1000달러라니 그게 무슨 소리요?"

　잠시 후 팩스로 명세서 내용이 도착했다.

　'망치로 두드린 값 50달러, 문제점을 발견한 값 950달러, 합계 1000달러.'

　산다는 것은 문제의 연속이다. 사람이나 조직이나 한 가지 문제를 해결하고 나면 또 다른 문제가 나타난다.

그러나 유능한 리더는 문제를 두려워하는 것이 아니라 해답을 찾는 데 심혈을 기울인다.

기업도 수명이 있는데 우리나라에는 25년을 넘긴 기업이 많지 않다. 문제가 발생했을 때 그 처방전이 부실했기 때문이다.

바둑 애호가는 대부분 눈앞의 수만 보며 돌을 놓지만 유단자들은 내가 여기다 놓으면 상대방은 저기에 놓을 것이며, 그럼 나는 또 어디에 놓을 것인지 계산하며 둔다. 바둑을 다 두고 나서 순서대로 제자리에 놓는 것을 복기(復棋)라고 하는데, 이미 머릿속에 입력되어 있기 때문에 쉽게 할 수 있다.

미국의 부호들은 하루에 15시간 돈에 대해 생각하는데 가난한 사람들은 고작 30분 정도 돈에 대해 생각한다는 말이 있다.

삼성그룹 이건희 회장은 이런 말을 했다.

"우리 기업이 10년 후에 어떻게 먹고살 것인가 생각하면 눈앞이 캄캄합니다."

눈앞의 것에 집착하는 것과 멀리 내다보는 것의 차이가 리더의 경영수완을 가늠하게 한다.

1년을 시작하면서 한 해를 어떻게 보낼까 고민하는 것이 아니라 그로부터 10년을 어떻게 보낼 것인지 고민하는 리더야말로 진정한 리더다.

경영은 단거리 경주가 아니다. 길고 지루한 마라톤과 같다. 따라서 길게 멀리 내다보지 않으면 머지않아 위기에 직면한다. 그러나 멀리 보고 준비하는 회사는 문제가 나타났을 때 위기 대처 능력도 뛰어나고 수습도 빠르다. 경영 리더의 마인드가 곧 회사의 승패를 좌우한다는 걸 잊지 말아야 한다.

Professional

고려청자나 조선백자는 세계에서 손꼽히는 명품이다. 임진왜란 때 일본으로 잡혀간 도공(陶工) 심수관의 후예들이 심수관 1세, 심수관 2세, 심수관 3세 하며 지금껏 그들의 작품과 함께 이름도 이어져 일본을 빛내는 것도 우리 도자기 기술의 깊이를 말해주는 것이다.

8.15해방 2년 전인 1943년 재래식 가마로 출발한 한국도자기는 1960년대 초까지만 해도 자기 그릇을 생산하는 영세업체였는데, 고 김종호 사장이 해외에서 이름도 낯선 '본차이나'를 접한 이후 급성장했다.

고 김종호 사장은 한국도자기가 세계적인 경쟁력을 갖추려면 이 부문에 뛰어들어야 한다고 생각했다. 그러나 1200℃의 고온에서 젖소의 정강이뼈만 태워 원료를 만들려고 했지만 쉽지 않았다. 가마에 넣은 소뼈는 대부분 시커멓게 변해 쓸모없게 되었다.

이 무렵 영국, 독일, 일본 등 선진국에서만 본차이나를 생산하고 있었고 제조방법은 극비에 부쳐져 어쩔 수 없이 자체 개발을 해야 했다. 수백 번의 시행착오를 겪은 끝에 드디어 똑같은 품질의 제품을 생산해냈다.

그는 완성된 도자기를 가지고 본고장에 나가 판촉활동을 벌였다. 본차이나가 다른 도자기에 비해 튼튼하다는 점에 착안하여 다른 자기와 부딪쳐도 깨지지 않는 장면을 소비자에게 보여주는가 하면, 우리 고유의 독특한 미술 감각을 응용한 디자인을 홍보했다.

그런 노력 끝에 지금 한국도자기는 월 350만 개 이상의 도자기를 생산, 수출하는 세계 최대 규모의 도자기 생산업체로 성장했고, 인도네시아 대통령궁, 로마 교황청을 비롯한 각종 해외 공관에서 가장 선호하는 도자기가 되었다.

그러나 김종호 사장은 여기서 만족하지 않았다. 알루미나를 이용해 저렴한 가격에 내구성이 튼튼한 도자기, 안심하고 사용할 수 있는 항균성 은나노 도자기 등 신소재·신개념 도자기를 끊임없이 개발해 시장에 유통시켰다. 최근에는 명품 중의 명품 도자기 프라우나를 개발했는데, 생활도자기에 예술성을 가미해 프랑크푸르트에서 열린 세계 소비재 박람회에서 전 세계인의 뜨거운 반응을 얻었다.

그릇에서 중요한 것은 보온성인데 한국도자기는 다른 외국 도자기와 비교되지 않는 성능을 자랑한다. 도기와 일반 자기, 본차이나에 각각 뜨거운 커피를 부어 1분 30초 동안 온도 변화를 비교한 실험에서 본차이나가 무려 4℃나 보온성이 강한 것이 밝혀졌다.

남보다 앞서려면 연구 개발에 많이 투자해야 하고 많은 피와 땀이 들어가야 한다는 것을 한국도자기는 보여주었다.

나만의 것, 그러면서도 남보다 뛰어난 점을 발견하여 특화한다면 사람이나 기업이나 성공할 수밖에 없다.

휴식은 충전이다

　책상 앞에 하루 종일 앉아 있다고 해서 그 시간 내내 공부하는 것이 아니고 보면 때때로 휴식도 하고 분위기도 전환해야 한다. 운전 연습할 때 쉬지 않고 5시간 하는 것과 1시간씩 다섯 번 하는 것을 비교하면 세 배 이상 효율의 차이가 난다.

　부모는 대부분 자녀가 책상에서 꼼짝 않고 앉아 있기를 원한다. 그러나 특별한 경우를 제외하고는 45분 이상 집중하기 힘들다.

　나는 아이들이 학교 다닐 때 '공부해라' 라는 말은 하지 않았다. 내가 하는 말은 '쉬었다 해라' 였는데 아이들은 이 소리만 들어도 공부에 대한 스트레스가 풀렸다고 한다. 학습에서 휴식은 망각이 아니라 충전인데 그것을 모르고 휴식을 죄악시하는 것은 잘못된 생각이다.

　최근 미국 컬럼비아대학교 강의실에서 재미있는 일이 벌어졌다고 한다. 모두 조용히 수업하고 있는데 한 학생이 벌떡 일어나 교수에게 따지듯 물었다.

"이봐요, 교수님. 전 정말 의문이에요. 전 이해가 안 돼요. 학교에 매일 나오는 일은 정말 끔찍하고 지긋지긋하고 넌덜머리가 나요. 아무런 꿈도 감흥도 없는데 도대체 왜 공부를 해야 합니까? 왜? 왜? 왜?"

강의실은 순간 긴장감이 감돌고 모두 당황해할 때 어디선가 음악이 흐르고 질문한 그 학생은 노래를 부르며 온 강의실을 뛰어다녔다. 이런 황당한 일은 도서관에서도 일어났다. 모두 조용히 책을 보고 있는데 한 학생이 같은 방식으로 노래를 불렀다.

"도서관에서는 아무도 노래하지 않아. 맞아. 모든 사람이 아주 작은 소리조차 내지 않으려고 조심하지. 랄랄라……."

강의실이든 도서관이든 가리지 않고 황당한 장난을 쳐대는 이들은 컬럼비아대학교의 학생으로 이루어진 프랭스터그룹(prangstgrup: 장난치는 사람들의 모임)이다. 그들은 직접 만든 뮤지컬을 예고도 없이 수업 중에 공연하기도 하는데, 대부분 장학금을 받는 모범생이다.

아무리 개방적인 미국이라도 수업 도중 공연을 펼치는 것은 충격적인 시도여서 처음에는 당황하지만 뛰어난 노래 실력과 재치 있는 노랫말에 웃음을 터뜨리며 교수들도 박수로 호응한다고 한다.

이들은 교내 '게릴라 뮤지컬' 뿐 아니라 길거리에서 즉흥 댄스파티를 벌이고, 길거리 연극 공연을 펼치며, 지하철에서 승객을 대상으로 강의도 한다. 이들은 자신들의 행적을 모두 홈페이지(http://prangstgrup.

com)에 올려놓고 세계 젊은이들과 의외성의 즐거움을 공유하고 있다.

공부도 잘하는 우등생들이 왜 이런 장난을 벌이게 되었을까. 그들 역시 지루하게 짜인 대학 수업에서 벗어나고 싶었는지 모른다. 어떤 사람이나 일만 하고 살 수도, 공부만 하고 살 수도 없다. 모두에게 휴식이 필요하다.

그러나 그 휴식이 휴식을 가장한 긴장의 연속이어서는 안 된다. 정말 잘 쉰 사람만이 다시 시작할 수 있다. 쉴 때는 무조건 쉬는 데만 충실하라.

| 술 빚는 사람의 철학 |

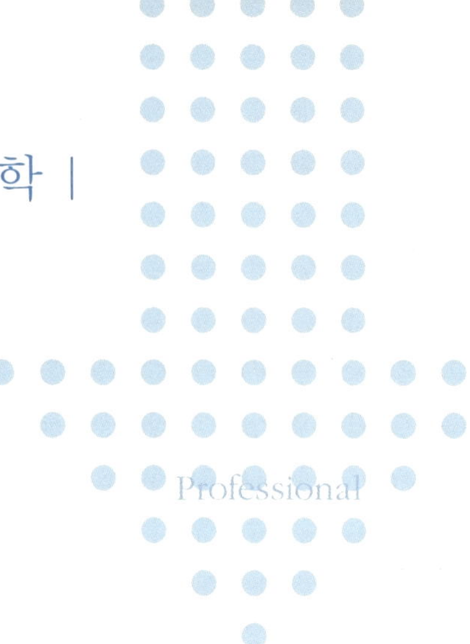

바다도 작은 빗방울에서 비롯된다. 작은 빗방울이 모여 졸졸 흐르는 실개천을 만들고 실개천이 모여 강이 되고 바다가 된다. 성공도 이와 다를 게 없다. 작은 희망과 열정이 모여 태산을 움직이는 큰 힘이 된다.

음식점에서 갖가지 과일주를 담은 유리 항아리를 흥미롭게 관찰하는 사람은 대부분 애주가인데, 나도 그 가운데 한 사람이다.

나는 아무리 좋은 술이라도 한자리에서 석 잔 이상은 마시지 않는다. 술은 취하기 위해 마시는 것이 아니라 건강을 위해 마시기 때문에 석 잔을 마시고 남은 술은 마개를 막아 들고 나온다. 술 한 방울이 피 한 방울이라는 생각 때문이다.

술에도 도가 있고 철학이 있다. 술을 만드는 사람이 철학을 가지고 있지 않다면 그 술은 좋은 술이 될 수 없다.

평생 장인 정신으로 전통주와 누룩 연구 외길을 걸어온 국순당 배상면 회장은 1950년 경북대 농예화학과를 졸업했다.

재학 시절 미생물연구반을 조직하면서부터 누룩 연구에 푹 빠졌고, 전통주를 되살려야겠다는 사명감에서 연구를 시작하여 문헌 고증을 통해 졸업 42년 만인 1992년 백세주를 개발했다.

당시 술 빚는 일을 천대시하던 관념을 깨고 자녀들에게 가업을 이어주며 술의 명문가를 이루었다.

그는 자신의 경영철학을 담은 경영 에세이 《도전 없는 삶은 향기 없는 술이다》의 서두에서 이런 말을 하고 있다.

"어떤 순간에도 절망해서는 안 됩니다. 어렵고 힘든 시기일수록 더욱 과감하게 공격적으로 살아야 합니다."

이 책은 전통주를 연구하다 술통에 빠져 죽을 뻔한 대학 시절부터 한국의 문화를 대표할 만한 전통주 개발과 보급을 위해 노력하는 과정 등 배상면 회장의 도전과 좌절, 성공적인 삶을 생생히 담고 있다.

배상면 회장은 이 책에서 자신의 기업 경영 10대 원칙을 소개했는데 대표적인 내용은 이렇다.

- 정도경영 실현을 최고의 가치로 삼는다.
- 전년도 세금보다 항상 높게 세금 납부액을 설정한다.
- 불가능한 일에 도전한다.
- 깨끗한 경쟁은 기업 경쟁력을 키운다.

● 불경기에도 팔리는 제품을 만든다.

이런 투명성과 깨끗한 기업윤리가 오늘의 성공을 이루게 한 바탕이다. 작은 좌절에도 쉽게 손을 들고 시작도 하기 전에 불가능하다고 지레짐작하고 포기하는 사람도 있으며, 불경기라고 힘들어하는 사람도 주위에 많다.

자신이 하는 경영에 문제가 있다고 생각하는 사람이라면 이 책을 읽으며 배상면 회장의 목소리에 귀를 기울여볼 필요가 있다.

자기가 이루고자 하는 목표를 분명하게 설정하고, 그 목표를 어떻게 이루어갈지 원칙이 분명하게 서 있다면 그 사람의 인생은 반드시 성공한다.

| 공부는 꿀처럼 달다 |

이스라엘의 초등학교 입학 첫 시간에는 선생님이 꿀단지를 교탁 위에 올려놓고 칠판에 '공부는 꿀처럼 달다' 고 적어놓은 후 학생들이 한 명씩 앞으로 나와 꿀을 찍어 먹으며 공부가 꿀맛이라는 것을 체험한다. 시종여일(始終如一)이란 처음과 끝이 같다는 얘기이니 처음이 좋으면 끝도 좋다는 것이다.

공부는 고문이 아니라 게임이다. 그런데 일부 부모는 감시·감독하며 자녀를 힘들게 한다. 그러다 보면 학교와 부모에 대한 적개심이 생겨난다. 공부가 꿀맛이라는 것을 알면 자녀가 한눈 팔 리 없다.

이준석 어린이는 초등학교 들어가기 전부터 책읽기를 좋아했는데 '마법 천자문' 은 달인의 경지다. 책을 손에 잡으면 몇 번 반복해서 모두 통째로 외워버린다. 어느 해 '마법 천자문 대회' 가 열렸는데 유치원생인 이준석 어린이를 초중고부 어느 쪽에도 넣을 수 없어 일반부로 출전했지만 우수한 실력을 과시해 입상했다.

이제 초등학교 6학년이 되었지만 독서열은 놀라울 정도여서 한 달에 200권의 책을 대여해서 읽는다. 이렇다 보니 사고력·지도력은 물론 표현능력도 대단해 어른들도 이 아이에게는 쩔쩔맨다.

독서의 힘이 인생을 바꾼 예는 얼마든지 있다. 목동 EM베스트학원의 최현호 원장 역시 초등학교 때부터 새벽마다 책을 읽었으며, 서울대 재학 중에 행정고시에 합격했지만 관료로 나가지 않고 후배들을 육성시키려고 학원을 냈다. 이 학원에 대한 소문이 꼬리를 물고 이어지자 압구정동에도 학원을 열었다. 개인이나 국가나 배움을 통해 발전해나가는 것이다.

이스라엘의 면적은 강원도만 하고 인구는 720만 명밖에 안 되지만 세계에서 가장 많은 부를 축적했고 노벨상 수상자의 절반 이상이 그들이다. '공부 = 꿀맛' 이라는 등식이 위대한 민족을 만든 것이다.

나는 어떤 모임에서나 건배용 술은 '처음처럼' 을 사용한다. 처음으로 돌아가자는 의미에서다. 직장에서도 신입사원 시절처럼 추진해나가면 시작은 미약해도 끝은 창대할 것이고, 결혼생활도 다를 것 없다.

| 날마다 성장하라 |

연예인 중에는 반짝 스타가 많다. 처음에는 대단한 위력을 보이며 매스컴을 누비다 얼마 안 되어 정상에서 추락한다. 기업이나 CEO도 예외가 아니다.

톰 피터스는 이 같은 살벌한 생존경쟁에서 승리한 예외적 기업으로 GE를 꼽는다. 발명가 토머스 에디슨이 자신의 발명품과 여러 가지 제품을 판매하기 위해 1878년 설립한 이래 쉼 없이 변화와 혁신을 거듭하며 성장가도를 달리고 있는 GE의 경영 시스템은 재계뿐 아니라 국내 정계와 학계의 탐구와 학습 대상이기도 하다.

GE의 한국지부 최고책임자를 지낸 이채욱 현 인천국제공항공사 사장을 보면 국내 인재들이 도약하기 위해 알아두어야 할 것이 있다. 영남대학교 출신으로 졸업 후 삼성에 취직한 그는 주위 사람들이 모두 자신보다 월등히 나은 조건을 갖추고 있었기에 주눅들 법도 했지만 오히려 주변 사람을 모두 자신의 가정교사로 삼고 오직 배우려는 겸손한 태도로 일했다.

배우겠다는 자세로 '정말 모르니 한 수 가르쳐달라'고 청하니 '아홉을 알더라도 열을 가르쳐주고 싶은 것'이 인간의 본성인지라 원만한 관계가 유지되었다. 뿐만 아니라 투철한 책임감과 열정을 인정을 받아 훗날 삼성과 GE가 합작 벤처를 할 때 대표이사를 지낸 후 GE코리아의 회장까지 지낸 저력을 보였다.

입사 초기에는 전화기에서 'Hello' 소리만 들려도 가슴이 벌렁거려 말을 못하고 전화를 끊다가 '이래선 낙오자밖에 안 되겠다'고 생각해 매일 퇴근 후 3시간씩 영어공부를 했고, 아예 영어연수원 근처로 이사까지 하며 머리를 싸매고 매달렸다. 배움에 대한 그의 열정이 얼마나 치열한지 알 만하다.

외국에서 우리나라에 올 때 가장 처음 접하는 장소로 우리의 얼굴과도 같은 곳이 바로 인천국제공항이다. 세계 최고의 공항을 만들겠다는 목표를 세우고 달려가는 이채욱 사장은 일 년 중 200일 이상을 전 세계로 출장 다니며 각 공항의 CEO를 만나 직접 영어로 비즈니스 대화를 한다. 그 가운데 배울 점은 사소한 것 하나라도 놓치지 않기 위해 디지털카메라를 들고 다니며 사진을 찍고 메모를 한다.

이러한 그의 노력 덕분인지 인천국제공항은 올해로 7년 연속 세계 최우수 서비스 공항으로 선정되었다.

"해마다 3, 5, 10년 단위로 계획을 세웁니다. 새로운 환경에 맞춰

나의 경쟁력을 높이기 위해 지금 갖춰야 할 것은 무엇인지 점검하고 새롭게 마음을 다지지요. 어떤 이는 변화의 시대에 목표가 무슨 의미가 있느냐고 하지만 새로이 도전할 목표는 반드시 필요합니다. 목표는 종료가 아니라 새로운 시작입니다. 환경 변화에 따라 새로 도전할 의지를 다지게 해주니까요. 인생으로부터 도망가서는 아무것도 해결되지 않습니다."

그의 고품격 성공 마인드를 내 것으로 만들어야 한다.

| 술과 TV의 노예가 되지 말라 |

시간은 돈이 아니라 생명이다. 그런데도 많은 사람들은 생각 없이 TV 시청에 생명을 빼앗기고 있다. 오죽하면 TV를 바보상자라고 할까. 하루 4시간 이상 TV 앞에 앉아 있다면 하루의 6분의 1의 생명을 소모하는 셈이다. 그러면 1년에 자그마치 2달 이상의 생명이 희생되며 일하는 시간, 잠자는 시간 8시간씩을 빼고 나면 자기 삶의 절반을 소모해버리는 셈이다.

그렇다고 꼭 필요한 프로그램을 시청하는 것도 아니다. 보고 나서 별로 남는 것도 없는 오락이나 예능 프로, 드라마를 보기 위해 채널을 이리저리 돌리다 보면 서너 시간은 눈 깜짝할 사이에 사라져버린다.

뉴질랜드 오타고대학교의 밥 핸콕스 박사를 중심으로 한 연구팀이 1000명을 대상으로 조사한 결과, TV 시청시간이 학업 성적에 큰 영향을 미친다는 결론을 내놓았다. 유아기에 하루 3시간 이상 TV를 본 어린이의 고교 성적이 가장 안 좋은 것으로 나타났고, 시청시간이 평균치 이하인 1.9시간인 어린이들은 자라서 학위를 취득할 가능성이 높았다. 2.76시간은 대부분 고교 중퇴, 2.5시간은 고교 졸업, 2~3시간은 전문대 과정에 그친다.

이 결과만 봐도 요즘은 TV뿐 아니라 컴퓨터나 인터넷을 하면서 어린이들이 화면 앞에서 보내는 시간이 늘어나는 현실을 감안하면 문제는 더욱 심각해진다.

술과 담배는 두뇌개발의 적이어서 특히 학생들은 피해야 할 금기다. 대학에 입학하면 신입생 환영회를 한다. 환영회에는 어느 학교나 술이 등장하는데 못 먹는 학생에게도 강제로 권한다. 그 바람에 매년 100여 명의 새내기들이 목숨을 잃거나 심각한 음주후유증에 시달리지만 이 악습은 수십 년 전이나 지금이나 다를 것이 없다. 요즘 대학가에는 도서관이나 서점은 찾아볼 수 없고 카페나 술집들이 자리를 차지하고 있는데, 부모가 주는 용돈에 술값까지 포함되는 것은 이해되지 않는 행태다.

나의 외손자 위성범 군은 미국 UCLA 2학년에 재학 중인데 같은 학년 중 유일하게 3학년 수업까지 들을 정도로 학업에 열성적이다. 이렇게 잘 성장한 것은 모두 어릴 때부터 TV가 아닌 독서에 맛을 들인 덕분이다. 그에게 공부는 노동이 아니라 오락인 셈이다.

"한국에 있을 때는 친구들하고 놀러가서 술도 마셨는데 지금은 공부에 방해될까봐 TV는 물론 술도 입에 대지 않아요. 나중에 사회에 나와서 마셔도 되니까요.”

술을 마시던 사람이 금주하는 것은 나이가 많든 적든 쉬운 일이 아닌데 위성범은 스물두 살에 벌써 스스로를 컨트롤할 수 있는 능력이 생긴 것이다. 자랄 때 게임이나 TV에 빠져들도록 내버려두었다면 이 정도의 자제력이 생길 수 있었을까 생각한다.

일분일초가 인생을 좌우한다

주어진 시간을 어떻게 사용하느냐에 따라 빛나는 삶이냐 아니냐가 결정된다. 사람들은 시간이 없다, 돈이 없다 하며 죽는 소리를 하지만 성공한 사람을 살펴보면 없는 시간과 돈도 만들어서 사용한다.

부도로 공장을 내놓아 어렵게 받은 주문을 포기할 수밖에 없자 남의 공장이 쉬는 주말을 이용해 물건을 만들어 납품에 성공한 사람이 있다.

자동차 변속기 부품 전문 생산업체 (주)성용하이테크의 이한중 대표가 그 주인공이다.

그는 국내 유수의 자동차 기업이 포기하고 전문가들도 국내 개발이 불가능하다고 말한 변속기 부품 '황동(黃銅) 싱크로나이저링'을 개발했다. 그러나 사람들이 믿지 않자 각종 테스트를 거쳐 기술력을 인정받았지만, 이번에는 공장 규모가 작다는 이유로 발주를 받지 못해 빚더미에 앉은 채 울며 겨자 먹기로 공장 문을 닫아야만 했다.

그러나 포기하지 않고 형의 가전제품 부품공장 구석에 자리를 얻어 천막을 세우고 떠나지 않은 몇몇 직원과 함께 프레스기 한 대로 다시 꿈을 키워나갔다.

그러다 부도난 지 1년 만에 한 화물 자동차 업체에서 물건을 주문받았다. 그러나 설비가 시원치 않아 발주 물량을 납기에 맞추는 것이 어려워지자 남의 공장이 쉬는 토요일 저녁부터 월요일 아침까지 정신없이 작업을 해서 약속을 지킬 수 있었다.

이렇게 두 달을 꼬박 일해서 납품한 물건이 품질을 인정받았고, 이후 현대자동차 등 국내 유수의 자동차 업체들이 줄을 선 지 2년쯤 됐을 때 독립하여 이제는 연간 1000억 원대 매출액을 자랑하는 견실한 기업으로 성장했다.

그의 업종은 독보적인 기술 때문에 환율이 떨어져도 크게 영향을 받지 않을뿐더러 가격 선도업체로 자리매김한 덕에 환율이 더 떨어질 경우 가격을 올리는 것도 가능하다.

지금도 기술개발이 모든 업무의 우선이고 개발부서가 회사의 핵심 부서지만 제품 주기가 짧아진 만큼 기술개발도 단기간에 효율적으로 하기 위해 노력하고 있다.

이한중 대표에게는 청년실업도 문제가 아니어서 일자리를 찾는 청년들에게 하고 싶은 말이 많다.

"청년실업 문제가 대두되고 있다는데 솔직히 이해가 안 갑니다.

지천에 널린 것이 일자리지요. 관심과 열정을 가지면 할 일이 보이
게 마련이니 대기업의 화려함만 좇아다니지 말라고 충고하고 싶습
니다."

그에게 시간 활용은 곧 돈이자 성공의 열쇠였다.

이상헌의 성공 법칙 50가지

치열한 경쟁사회에서 살아남으려면 성공 법칙의 전문가가 되라.
모두 힘들어하지만 정신 차리고 보면 지금이 성공의 기회다.
태양은 언제나 뜨지만 준비된 사람만이 기회를 잡을 수 있다.

01. 미소의 법칙 – 태양처럼 밝은 얼굴을 만들어라. 표정이 달라
지면 운명도 달라진다.

02. 전문가의 법칙 – 프로만이 살아남는다. 자기 분야의 전문가
가 되라.

03. 경청의 법칙 – 세 살 먹은 아이에게도 배울 점은 있다. 열심히

경청하라.

04. 내 편 만들기 법칙 – 편 가르기는 버려야 할 악덕이다. 가슴을 넓게 가져라.

05. 감사함의 법칙 – 아픔까지도 감사하라. 그래야 감사할 일이 생겨난다.

06. 신바람의 법칙 – 내가 신나면 모두가 신난다. 분위기 메이커가 되라.

♣

07. 대화의 법칙 – 말은 주고받는 것이다. 일방통행하지 말라.

08. 줄줄이의 법칙 – 고구마 줄기에 고구마가 달리듯 좋은 고객 곁에 새 고객이 있다.

09. 시간투자의 법칙 – 좋은 일에 시간을 투자하라. 그래야 고수익 인생이 된다.

10. 포용의 법칙 – 안아주기의 달인이 되라. 사람이 재산이다.

11. 칭찬의 법칙 – 찬송가·찬불가는 칭찬의 노래다. 성인도 칭찬을 좋아한다.

12. 위함의 법칙 – 위하는 자가 위함을 받는다. 내가 먼저 위하는 자가 되라.

13. 주마가편의 법칙 – '이만하면 됐어'는 천만의 말씀. 달리는 말에 채찍을 가하라.

14. 중심의 법칙 – 성공의 기틀은 중심을 잃지 않는 데 있다. 중심

을 흔들리지 말라.

15. 게릴라의 법칙 – 내가 있는 곳이 전쟁터다. 어디서나 기회만 생기면 돌진하라.

16. 구호의 법칙 – 힘들 때마다 '나는 할 수 있다'를 외쳐라. 주문 이상의 효과가 나타난다.

17. 적시안타의 법칙 – 기회는 왔을 때 잡아라. 공은 날아오는 순간 때려야 한다.

18. 한 우물의 법칙 – 꾸준히 한 우물을 파라. 그래야 시원한 물을 마실 수 있다.

19. 수지의 법칙 – 써야 할 때는 팍팍 써라. 안 써도 좋을 때는 구두쇠가 되라.

20. 기쁨의 법칙 – 기뻐하면 기뻐할 일이 생겨난다. 끊임없이 기뻐하라.

21. 멘토의 법칙 – 성공한 사람을 분석하라. 그의 특성을 내 것으로 만들라.

♣

22. 기다림의 법칙 – 돈과 여자와 개는 같다. 쫓아가면 도망치고 기다리면 달려온다.

23. 발로 뛰기의 법칙 – 속으로 고민하지 말라. 직접 뛰면 해답이 보인다.

24. 즐김의 법칙 – 일은 하는 것이 아니라 즐기는 것이다. 일터를

천국으로 만들어라.

25. 몰락의 법칙 – 교만·거만·자만은 자살폭탄이다. 잘나갈 때 조심하라.

26. 정주영의 법칙 – '안 돼'를 외치지 말라. 정주영의 '해봤어' 에 귀 기울여라.

27. 깨어 있음의 법칙 – 잠든 사람은 살았어도 죽은 것과 같다. 자 면서도 깨어 있어라.

♣

28. 자신감의 법칙 – 자신감을 증폭시켜라. 자신감이 기적을 만 든다.

29. 정성의 법칙 – 약발은 정성 들인 만큼 나타난다. 하는 일에 정 성을 다하라.

30. 뒤집기의 법칙 – 약점도 뒤집으면 장점으로 변한다. 뒤집어 관찰하라.

31. 코디의 법칙 – 입는 옷이 달라지면 사람이 달라진다. 멋지게 연출하라.

32. 전망대의 법칙 – 시야가 트일수록 많은 것을 보게 된다. 정상 에서 바라보라.

33. 경청의 법칙 – 누구 말이든 경청하면 수준이 높아진다. 경청 의 명수가 되라.

34. 투덜이의 법칙 – 불평분자는 악성 부채다. 실패의 안내자와

결별하라.

35. 언어의 법칙 – 적극적인 언어만 사용하라. 성공인은 100% 긍정인이다.

36. 온도의 법칙 – 말에도 온도가 있다. 화끈한 말로 성공에 불을 붙여라.

37. 손실의 법칙 – 손해가 손실만은 아니다. 손해에 연연해하지 말라.

38. 목소리의 법칙 – 목소리에 힘을 실어라. 힘찬 소리가 행운의 기폭제다.

39. 약속의 법칙 – 약속은 생명이다. 목숨을 바쳐 지켜야 한다.

40. 끼리끼리 법칙 – 같은 속성끼리 끌어당긴다. 내 옆에는 누가 있나 확인하라.

41. 서당 개의 법칙 – 서당 개 3년이면 풍월을 읊는다. 만남을 소중히 하라.

♣

42. 겸손의 법칙 – 겸손한 사람에게 사람이 모여든다. 경거망동하지 말라.

43. 용광로의 법칙 – 성실과 열정에 불을 붙여라. 능력 부족, 자질 부족도 거뜬히 극복한다.

44. 사고와 행동의 법칙 – 생각과 행동에 힘을 실어라. 적극적 사고가 적극적 행동을 만든다.

45. 발자취의 법칙 – 사람 판단은 그가 걸어온 발자취를 보면 안다. 제대로 판단하라.

46. 이삭 줍기의 법칙 – 포기한 사람을 찾아나서라. 그를 부활시키면 기적이 생겨난다.

47. 정상의 법칙 – 정상이 가까울수록 숨 가쁘게 마련이다. 숨 가쁘면 기뻐하라.

48. 초심의 법칙 – 처음의 열정과 애정으로 일하라. 처음처럼 살아가라.

49. 영상의 법칙 – 마음속 영상이 현실로 나타난다. 자나 깨나 만만세를 불러라.

50. 종점의 법칙 – 종점은 최종 코스가 아니다. 뒤돌아서면 그 자리가 시발점이다.

5장

말이 운명을 만든다

들으면 들을수록 힘이 샘솟는 것이 응원이다. 부모가 자녀를 위한 응원단이 되면 그 자녀는 몰라보게 성장한다. 학교 다니는 자녀에게 '잘한다'며 응원할 때와 '잘하라'고 야단칠 때의 성적은 극과 극이 된다.

말에는 놀라운 힘이 있다

조선조 맹사성 대감이 고향을 다녀오다 들판에서 검은 소와 누런 소가 일하는 것을 보고 농부에게 물었다.

"어느 소가 더 일을 잘합니까?"

일을 하던 농부가 달려와서 귀에 대고 속삭이듯 말했다.

"검은 소입니다."

맹사성 대감은 어이없어 껄껄 웃으며 반문했다.

"그게 무슨 대단한 비밀이라고 귀에 대고 말하시오?"

농부는 심각한 표정으로 말했다.

"일 못하는 소가 들으면 얼마나 섭섭하겠습니까?"

그 후 맹사성 대감은 말할 때 특별히 조심하라고 유언을 남겼고 지금도 후손들은 말할 때 신경을 써서 말한다. 사람은 하루에 5만 마디 말을 한다. 말은 의사소통의 도구이기 전에 성공과 실패는 물론이고 생사에까지 영향을 미치는 놀라운 에너지를 가지고 있다.

MBC 아나운서실에서 말에 대한 실험을 방영한 내용이다. 아나운서실에 갓 지은 밥이 든 2개의 병을 놓고 한쪽 병에는 '나쁜 밥', 다른 병에는 '좋은 밥'이라고 쓴 스티커를 붙인 다음 아나운서들에게 아침저녁으로 15일간 그것을 읽게 했다. 15일 후 그 병을 수거해 살펴보니 '좋은 밥'은 잘 발효되어 노란색을 띤 반면 '나쁜 밥'은 곰팡이가 생기고 썩어 있었다.

똑같은 환경에서 들려주는 말만 달리했는데 이런 결과가 나온 것이다. 말이란 사람뿐 아니라 모든 생물·무생물에까지 영향을 끼친다는 것을 보여준 결과다. 그러나 대부분의 사람은 생각 없이 습관적으로 입에서 나오는 대로 말을 한다.

〈세계일보〉 강당에 사람 키만 한 행운목 2개가 있었는데 물도 주지 않고 난방도 안 되는 곳에서 겨울을 지내 상태가 위태로워 보였다. 원예 전문가에게 감정을 부탁했더니 하나는 죽었고 하나는 그래도 살아 있다고 판정했다.

나는 죽은 나무를 살려보려고 흙먼지를 씻어내고 햇볕이 잘 드는 쪽으로 이동시켰다. 누군가 돌봐줄 사람이 필요해 경영기획실장 차준영 씨에게 부탁했더니 일찍 출근해 시간 여유가 있는 편집국장 운전기사에게 물을 주는 책임을 맡긴 다음 나무에게 말했다.

"사랑한다. 너는 살아날 수 있어, 힘내라."

이때가 2월이었는데 몇 달 지나도 변화가 없자 너나없이 쓸데없이 시간 낭비 말라고 한마디씩 한다.

"1%의 생명력이라도 있다면 살아날 거다. 좀 더 정성을 들여보자."

6월이 지나자 신기하게도 조금씩 새 잎이 돋아나더니 9월에는 꽤 많은 잎이 자라나 모두 환호성을 울렸다. 아뿔싸! 그런데 처음에 상태가 괜찮았던 그 옆의 행운목은 어느새 죽어 있었다. 죽은 나무 살리기에 정신을 팔다 보니 살아 있는 나무에는 신경을 못 썼던 것이다.

'기쁨세상' 회원 중 채희철은 외팔이 화가다. 어느 날 퇴근길에 아이들 주려고 빵과 우유를 사가지고 건널목을 지나다 달려오는 기차를 못 보고 사고를 당해 한 팔을 잃었지만, 누구보다 사랑이 많고 열심히 봉사했고 너나없이 그를 좋아했다.

그의 화실에 들어가면 꽃집을 방불케 한다. 100여 개의 화분들이 제각기 자리를 차지하고 있는데 모두 죽었다고 내다버린 화분을 주워 정성을 쏟아 살린 것들이다. 채 화백은 아침에 화실에 나오자마자 꽃들에게 아름다운 음악을 들려주고 저녁때는 꽃들에게 잘 자라고 인사하고 불을 끄고 문을 나서는 등 수시로 꽃들과 대화를 한다.

생계를 위해 화실 근처에 오리고깃집을 낸 그는 한 달에 하루는 동네 노인들을 위해 술과 고기를 대접했다.

"어르신들은 살아 계신 하느님이십니다. 마음껏 즐기시고 힘내세요."

그는 어느 날 나를 찾아오더니 이런 말을 했다.

“저는 마흔아홉 살까지밖에 못 삽니다. 그런데 올해 마흔아홉 살입
니다.”

“무슨 소린가?”

“저의 아버지도 마흔아홉에 가셨고 할아버지도 같은 나이에 가셨
습니다.”

그해가 2002년 월드컵 경기가 열리던 해인데 멀쩡하던 그는 갑자
기 병을 얻어 시름시름 앓더니 자기가 말한 대로 세상을 떠났고, 얼
마 후 화실에 가보니 멀쩡하던 화초들도 모두 죽어 있었다.

꽃들도 자기를 사랑하고 아껴주던 주인을 따라 이 세상을 떠난 거
라고 다들 한마디씩 했다. 말의 힘이 생명을 살리기도 하고 죽이기도
한다는 것을 다시 한 번 느낄 수 있었던 사건으로 기억된다.

| 응원의 힘 |

들으면 들을수록 힘이 샘솟는 것이 응원이다. 부모가 자녀를 위한 응원단이 되면 그 자녀는 몰라보게 성장한다. 학교 다니는 자녀에게 '잘한다' 며 응원할 때와 '잘하라' 고 야단칠 때의 성적은 극과 극이 된다.

대부분의 부모는 응원과 질책의 차이를 이해하지 못해 '잘한다' 고 격려하기보다는 '잘하라' 고 화부터 낸다. 이런 식으로 하면 아무리 좋은 학원을 몇 군데씩 보내도 성적은 생각처럼 올라가지 않는다. 자녀에게 화를 내는 것은 독약을 먹이는 것과 다름없다. 완성되지 않은 자녀의 의식 상태가 비정상적으로 작동하는 것이다. 아이들은 자기가 잘못했는지도 모르고 일을 저지르는데 야단친다고 깨우치는 것이 아니라 알아야 개선되는 것이다.

나는 이런 경우 방에서 혼자 5분간 생각하고 말하게 하는데 그 사이에 이해하게 된다. 밥도 먹고 싶을 때 먹이면 피가 되고 살이 되지만 억지로 먹이면 탈이 나듯이 공부도 다를 것 없다.

우리 아이들이 학교 다닐 때 '공부하라'는 말은 하지 않는 대신 '공부하자'고 했다. '공부하라'는 것은 아이 혼자 하는 것이지만 '공부하자'는 함께 하는 것이어서 가정의 팀워크에도 도움이 된다. 또 시험 성적이 1점이라도 오르면 "와~ 1점이나 올랐네" 하고 함성을 지른다.

나는 응원의 힘이 왜 중요한지 안다. 홈그라운드가 유리한 것도 바로 열띤 응원의 열기가 바로 전달되기 때문이다. 부모는 자녀의 응원단이다. 부모의 말 한마디에 인생의 승패가 결정 나기도 한다.

2002년 월드컵은 우리에게 큰 감동을 주었다. 워낙 막강한 팀들과 하는 경기여서 우리는 16강에만 들어도 다행이라고 연일 신문에서 대서특필했다. 사실 16강도 불가능이라는 생각을 너나없이 했던 것이다.

히딩크 감독은 시합할 때까지 묘수는 가르치지 않고 계속 기본기만 훈련시키자 히딩크 때문에 16강에도 못 가게 생겼다고 불만이 터져나왔다. 막상 경기가 시작되고 극적인 승부로 16강에 들자 분위기가 180도 달라지고 응원의 열기는 천지를 진동시켰다.

16강에만 들어도 기적이라고 했던 팀이 '월드컵 4강 진입'이라는 기적을 이룬 것은 응원의 에너지 덕분이다. 붉은악마 응원단의 우렁찬 기세와 함성, 박수 소리에 우리 선수는 힘을 얻었고 상대 선수는 공포심을 갖게 되었다는 것이 전문가의 평이다.

'이루어지는 기도' 중에 으뜸은 여럿이 같은 목소리로 하는 기도다. 큰 교회에서는 수백 명의 성가대가 같은 목소리로 찬송을 하는데 놀라운 기적이 나타난다. 응원, 찬송, 기도는 모두 말의 에너지다.

| 자네는 위너스를 지키는 복덩어리일세 |

우리는 예부터 매년 초에 덕담을 한다. 덕담이란 이미 이뤄진 상황을 애기하는 것이다. 결혼적령기에 있는 사람에게는 "결혼 축하한다"고 하고 학생에게는 "우등했다니 축하한다"고 말한다. 그러나 시대가 변하다 보니 덕담은 줄어들고 악담이나 험담이 늘어나는데 자기가 한 말은 자기 몫이 된다.

배울 만큼 배웠다는 정치인이나 방송 예능 프로에서도 연예인끼리 농담으로 험담했다가 소송사건이 벌어지기도 한다. 욕 분야에서도 우리가 단연 선두주자다. 세계 어느 나라도 '욕 사전'이 있다는 말은 들어본 일이 없는데 서점에 가보면《우리 말 욕 사전》이 버젓이 자리를 차지하고 있다. 가까운 일본에서 욕은 '바보' 하나뿐인데 바보여서 욕을 모르는 것은 아니다.

요즘 중고등학생이 하는 말 89%가 욕이라는 뉴스는 언어의 오염이 얼마나 심각한지 알려준다. 청소년의 욕은 그들이 창작한 것이 아니라 부모로부터 듣고 방송·영화·게임으로 부터 얻어들은 지식이다. 말이 험해지면 행동도 험해지게 마련이다.

그런데 유일하게 순화된 말을 쓰는 아이들이 서울 마포 동도중학교 학생들이다. 동도중학교에서는 오래전부터 입학해서 졸업할 때까지 시 100편을 암송하게 했다. 그러는 사이에 자연스럽게 시심(詩心)이 생기는 것이다. 동도중학교 출신의 사회활동과 가정생활을 사회심리학자들이 조사할 가치가 있다고 생각된다.

삼성카드의 본래의 이름은 위너스카드다. 각 기업체의 신입사원 교육에는 전부 출강하다 보니 위너스카드에서도 요청이 와서 참가한 적이 있는데, 이때의 일화 하나를 소개하겠다.

마지막 날 교육이 끝나고 캔미팅을 할 때 고상순 상무가 동참했다. 캔미팅에 임원이 참석하는 경우는 없었는데 고 상무는 후배를 격려하려고 자청해서 참석한 것이다. 마침 자기 앞에 있는 신입사원에게 이름을 묻자 또박또박 대답했다.

"제 이름은 위수복입니다. 나라이름 위(魏) 지킬 수(守) 복 복(福)자를 씁니다."

유머와 재치가 넘치는 고상순 상무는 순발력 있게 이름풀이를 해주었다.

"오! 자네는 위너스를 지키는 복덩어리로군. 자네는 크게 될 걸세!"

고상순 상무는 그 자리에서 이름을 가지고 축복을 해준 것이다. 위수복 사원의 일하는 태도는 언제든지 높은 평가를 받았고 최선을 다해 남의 모범이 되려고 노력했다. 그 결과 2011년 6월 임원이 되었고 12월에는 상무이사로 진급했다. 군대에서는 간첩을 잡으면 1계급 특진을 시키지만 대기업에서 6개월 만에 특진시키는 예는 전무후무한 일이다. 축복의 언어와 덕담에 얼마나 큰 힘이 있는지 쉽게 알 수 있다.

고상순 씨는 70세가 넘었지만 체력과 사고력은 50대 못지않다. 웬만한 사람들은 정년이 되면 쓸쓸한 노후를 보내지만 고상순 씨는 현역으로 활발히 활동하며 마라톤을 뛰고, 몇 해 전에는 에베레스트 등반을 하는 기염을 토했다. 축복의 언어는 상대는 물론 자신에게도 돌아옴을 증명해 보인 것이다.

| 감동을 주는 언어 |

어떤 왕이 신하에게 가장 맛있는 먹을거리를 사오라고 했더니 신하가 혀를 사왔다. 이번에는 가장 맛없는 것을 사오라고 했더니 또 혀를 사왔다.

이상하게 생각한 왕이 이유를 물었더니 신하는 이렇게 대답했다.

"아름답고 좋은 말을 할 때는 그처럼 맛있는 것도 없지요. 그러나 험악한 말, 비난하는 말을 할 때는 그처럼 입맛을 떨어뜨리는 것도 없는 줄 아뢰오."

그렇다. 말에도 맛이 있어 달콤한 기분이 들게 하는 말도 있지만 입맛 떨어지게 하는 말도 있다. 말은 의사소통만이 아니라 감정도 교류하기 때문에 말 한마디로 자신감을 회복하기도 하고 비판적인 말 때문에 상처를 받기도 한다.

그런데 칼에 벤 상처는 시간이 흐르면 없어지지만 말로 입은 상처는 평생 지워지지 않는다.

광고대행사 웰콤과 교보생명은 네이버 등 온라인 포털 사이트에서 30~40대 남편 1만 명과 20~30대 딸 7600명을 대상으로 '아내 또는 어머니에게 듣는 말 중 가장 힘이 되는 말은 무엇인가' 하는 질문을 던진 적이 있다. 그 결과 '사랑해'를 꼽은 남편과 딸이 각각 56.3%, 54%로 가장 많았다.

부부나 가족에게 가장 중요한 가치는 사랑이다. 그래서 상대방에게 '사랑해'라는 말을 듣는 것은 다른 어떤 관계에서보다도 확실한 보증수표와 약속어음이 되는 것이다. 이렇게 말한다는 것은 곧 그 관계에 책임을 다하겠다는 약속이기 때문이다.

5.16최고회의 의장의 비서실장 이인수 대령은 윗사람에게 밉보여 반혁명분자라는 누명을 쓰고 사형선고를 받았는데, 무기로 감형되었다가 12년 6개월 만에 석방되어 집으로 돌아왔다.

그런데 불행히도 바로 그날 집에 강도가 들어와 칼을 들이대며 귀중품을 모두 내놓으라고 하자, 그는 껄껄 웃으며 말했다.

"밤늦게 수고가 많구먼. 나는 사형수였던 이 아무개인데 12년 반 동안 옥살이하고 오늘 나왔다네. 그런데 보다시피 아무것도 없는데 어떻게 하면 좋겠나?"

그러자 강도는 칼을 놓고 무릎을 꿇으면서 주머니를 톡톡 털더니 돈을 꺼내놓고 머리를 조아렸다.

"선배님, 몰라뵈어 죄송합니다. 이거 얼마 안 되지만 약값에 보태

쓰십시오.”

사람을 해치는 강도도 부드러운 말 한마디에 감동을 받는데 직장이나 가정의 인연이야 말할 나위가 없다.

지속적인 불황과 취업난 등 힘든 경제여건과 개인주의가 팽배한 상황에서도 많은 사람들이 살얼음판을 걷는 기분으로 살아가다 보니 사소한 말에도 예민해지고 다툼이 생겨난다.

그러나 따뜻한 말 한마디가 끈끈한 사랑을 이어준다. 충분히 생각한 다음 말하고, 말한 것에는 책임을 질 줄 아는 프로가 되자.

이상헌의 칭찬의 놀라운 효과 50가지

날마다 자신과 남을 3번 이상 칭찬하면 놀라운 파장이 생겨난다.
그 파장은 자신을 중심으로 우주에 퍼져나간다.
욕 대신 칭찬을 생활화하라. 내가 있는 곳이 천국이 된다.

01. 칭찬은 기쁨, 사랑, 성공, 행복의 견인차다. 최대로 활용하라.

02. 칭찬은 고스톱이다. 때와 장소가 필요 없다.

03. 칭찬은 임산부다. 먹지 않아도 배가 부르다.

04. 칭찬은 만병통치약이다. 칭찬 효과는 무한대다.

05. 칭찬은 최고의 경영이다. 만족과 감동을 동시에 이룩한다.

06. 칭찬은 샘물이다. 아무리 사용해도 끊임없이 솟아난다.

07. 칭찬은 개그콘서트다. 굳어 있는 얼굴에 웃음꽃을 피게 한다.

08. 칭찬은 노래방 기계다. 칭찬을 받으면 콧노래가 절로 난다.

09. 칭찬은 풍선 터뜨리기 게임이다. 서로 얼싸안고 하나가 된다.

♣

10. 칭찬은 위대한 정치가다. 적군도 내 편으로 만든다.

11. 칭찬은 고장난 지퍼다. 닫힌 마음이 자꾸만 열린다.

12. 칭찬은 풍선이다. 사람을 날것처럼 가볍게 만든다.

13. 칭찬은 보너스다. 받으면 저절로 입이 벌어진다.

14. 칭찬은 행운의 열쇠다. 기(氣)도 살고 운(運)도 산다.

15. 칭찬은 맥가이버다. 불가능도 가능하게 만든다.

16. 칭찬은 G컵 브래지어다. 가슴이 부풀어 오른다.

17. 칭찬은 평강공주다. 바보도 천재로 만든다.

18. 칭찬은 성장촉진제다. 칭찬하면 희망이 자라난다.

19. 칭찬은 신용카드다. 세계 어디서나 자유롭게 통용된다.

20. 칭찬은 고리대금이다. 되로 주면 말로 받는다.

21. 칭찬은 첫사랑의 연인이다. 영원히 잊지 못한다.

22. 칭찬은 성인(聖人)도 좋아한다. 찬송가 · 찬불가는 칭찬의 노래다.

23. 칭찬은 위대한 화가다. 못난이를 천하일색으로 만든다.

24. 칭찬은 마약이다. 즉각 효력을 발휘한다.

25. 칭찬은 보물찾기다. 숨은 것을 찾아낸다.

26. 칭찬은 파랑새이다. 결코 멀리 있지 않은 행복이다.

27. 칭찬은 로또복권이다. 인생을 역전시킨다.

28. 칭찬은 별책부록이다. 돈 안 들이고 기쁨을 전해준다.

29. 칭찬은 김연아의 명연기다. 보고 또 봐도 다시 보고 싶다.

30. 칭찬은 성형수술이다. '옥동자' 도 현빈 같은 매력남이 된다.

31. 칭찬은 새 나라의 어린이다. 우리의 영원한 희망이다.

32. 칭찬은 천연 비타민이다. 몸과 마음이 상큼해진다.

33. 칭찬은 로열 샬루트다. 기분 좋게 취하게 만든다.

34. 칭찬은 진공청소기다. 강력한 흡인력이 있다.

35. 칭찬은 하느님이다. 말 한마디로 기적을 만든다.

36. 칭찬은 메아리다. 말한 대로 나에게 되돌아온다.

37. 칭찬은 컴퓨터 A/S 기사다. 인생을 업그레이드시킨다.

38. 칭찬은 처갓집 말뚝이다. 자꾸 절하고 싶어진다.

39. 칭찬은 명작만화다. 우리에게 꿈과 사랑을 심어준다.

40. 칭찬은 마술사 이은결이다. 시선은 물론 마음까지 훔쳐간다.

41. 칭찬은 밥이다. 아무리 먹어도 부작용이 없다.

♣

42. 칭찬은 해우소다. 사람의 속을 시원하게 만든다.

43. 칭찬은 콩나물이다. 물을 주면 쑥쑥 자라난다.

44. 칭찬은 불가마다. 모르는 사이에 독소가 빠져나간다.

45. 칭찬은 콩깍지다. 미운 사람도 천사로 보인다.

46. 칭찬은 피아노 조율사다. 불협화음을 깨끗이 없앤다.

47. 칭찬은 위대한 대통령이다. 역사를 새로 쓰게 만든다.

48. 칭찬은 평생회원권이다. 죽을 때까지 효과가 지속된다.

49. 칭찬은 영혼이다. 보이지 않아도 큰 영향력을 미친다.

50. 칭찬은 에밀레종이다. 오래오래 여운이 남는다.

살다 보면 내 뜻과 관계없이 암초에 걸려 오도 가도 못하는 경우가 생기는데 여기서 탈출하면 살아나고 못하면 끝나는 경우를 수없이 본다. 어느 날 이진하 씨가 지팡이를 짚고 다리를 절며 나를 찾아왔다.

모 석재회사에서 일하던 중 추락사고로 다리를 다쳐 장애 6등급을 받았는데 일자리도 잃고 가정도 풍비박산 났다는 것이다. 나는 그의 인생을 새롭게 출발시키기 위해 이름부터 '재훈'으로 바꿔주고 소망을 이루는 방법을 지도해주기로 했다.

먼저 10가지 소망을 적게 했더니 대학 졸업반인 딸이 교사로 임용되는 것, 막내아들이 체육대학에 장학생으로 들어가는 것, 행복한 가정을 되찾는 것, 자신도 좋은 일자리를 찾는 것 등 10가지를 썼다.

보통 사람들이 보기에도 생각처럼 쉬운 일은 아니지만 나는 그가 재기할 수 있다는 확신을 가지고 있었고 그 역시 나와 생각을 같이했다.

내가 이끌고 가는 '기쁨세상'은 매달 한 번씩 만나 성공적인 삶을 살아가게 하는 모임인데 2012년 2월 4일로 15주년을 맞이했다. 모임 때마다 행복·성공·기쁨·사랑 등의 에너지를 나누고 있으며 연말이면 항상 소원 10가지에 대해 발표한다. 이번에는 이재훈 씨가 그 주인공이 되었다.

"제 소망은 100% 이루어졌습니다. 딸은 임용시험에 합격해 중학교 교사가 되었고, 아들은 체육대학에 장학생으로 들어갔지요. 가정도 평화를 되찾고 좋은 일자리도 생겼지요."

대부분의 양념고기는 조미료를 사용하는데 이재훈 씨가 광진구점을 맡고 있는 식육가공 유통회사 MJ푸드에서는 조미료 대신 사과와 배를 숙성시켜 만든 천연양념장을 사용한다. 본사의 최준환·정난주 대표 부부가 미국의 최고 육가공 회사에서 배운 기술을 바탕으로 직접 개발한 양념장이다. 이재훈 씨는 우리나라 최고급 호텔의 스테이크와 비교해도 손색없는 제품을 저렴한 가격으로 가정에 공급해 가게를 열자마자 대박을 터뜨리고 있다.

행운은 끌어당기는 사람에게 줄줄이사탕처럼 끌려오게 되어 있다. 이재훈 씨의 소원성취 명상법을 배워보자.

1. 원하는 것을 생각하고 감사·기쁨·열정의 에너지를 불어넣는다.
2. 감사·감동·감격의 마음을 갖는다.

3. 잘 보이는 장소에 시각화한 것을 붙여둔다.

4. 이뤄졌고 그것을 누리고 있음을 상상한다.

5. 목적을 이루기 위해서 노력한다.

6. 인내심을 잃지 않는다.

| 죽겠다고 하면 진짜 죽는다 |

Professional

"좋아졌네 좋아졌어 몰라보게 좋아졌네~."

새마을운동 하면 떠오르는 것이 새마을 노래다. 당장 끼니를 때우기도 힘든 시절 이 노래가 희망을 안겨주었고 실제 그렇게 변한 것이다. '가수의 히트곡이 운명에 미친 영향'을 발표한 일이 있다. 노래란 말에 곡조를 붙인 것으로 빠르게 영향을 미친다는 것을 일깨워주기 위해서다. 노래방에 가면 각자 좋아하는 노래를 찾아 부르는데 여기서도 애창곡과 운명은 대부분 일치한다.

가수 장재남이 불렀던 노래가 떠오른다.

"한강에는 유람선이 떠 있고……."

이때까지만 해도 유람선이 한강에 떠 있을 것이라는 생각은 아무도 하지 못했다. 그러나 그의 노래대로 서울이 변했다.

재벌은 웬만한 재산으로 되는 것이 아니다. 때문에 재벌이 망할 것이라는 생각은 아무도 못하지만 흥망성쇠는 사용하는 말과 관계가 깊다. '죽겠다'는 말버릇을 가진 재벌 부인을 알고 있는데 그녀는 말끝마다 '죽겠다'가 추임새처럼 나와 죽겠다는 말을 하지 말라고 하면 "이젠 죽겠다는 말은 하지 않겠습니다" 하고는 이어서 "아이구 죽겠다"가 대기하다 튀어나온다.

누구도 그 거대한 그룹이 좌초될 것이라곤 상상하지 못했는데 정말 몇 해 못 가 완전히 망해버렸다. 말에는 중독성이 있어 한번 형성되면 쉽사리 고치기 힘든 것이 문제다.

기도는 꼭 이뤄진다. 기도는 다른 것이 아니라 반복해서 하는 말이 기도다. 그 후 초라한 모습으로 나를 찾아왔는데 죽겠다는 말이 없어진 것을 금방 알 수 있었다.

"이제는 말끝마다 '좋아졌네 좋아졌어'로 해보세요."

그 부인은 지금 행복에 겨워 살고 있다. 많은 재산은 날아갔지만 행복이 품에 와 안긴 것이다.

죽겠다 할 때는 돈이 많아도 남을 위해 한 푼도 안 쓰던 그녀가 이제는 남을 위해 앞장서서 움직인다.

| 반복되는 말이 운명을 만든다 |

나는 어려서 제일 먼저 배운 말이 '고맙습니다'였다. 맨 위로 형이 둘이고 이어서 누이가 차례로 4명, 그리고 마지막으로 내가 태어나자 온 집안이 잔칫집으로 변했고, 부모님은 내게 '태어나줘서 고맙다'는 말을 상용어로 사용했다.

그러다 보니 나도 말끝마다 고맙다는 말이 저절로 튀어나와 만나는 사람들에게도 습관적으로 감사함을 느낀다. 감사하다 보니 모든 일이 감사함으로 연결되는 행운도 생겨난다.

서울 관악구 성현동 구암초등학교 정문 위에 '사랑한다 애들아! 고마워요 선생님!'이란 현수막이 오래전부터 펄럭이는데, 학생들이 등하교하면서 매일 보는 글귀다. 아이들은 보기만 하는 것이 아니라 염불하듯 읊으며 걸어다닌다.

한 번 말하면 별 영향이 없겠지만 반복하면 놀라운 영향력을 발휘한다. 똑같은 날씨인데도 '춥다 춥다' 하는 사람은 체온이 더 내려가고 '덥다 덥다' 하는 사람은 체온이 상승하는 것이 실험 결과 나타났다. 말은 심리적인 영향만이 아니라 신체에도 영향을 미치는 것이다.

어려서부터 어떤 말에 익숙한가에 따라 심성이 결정되는데 이 학교를 다닌 학생은 이미 복(福)을 받았다는 생각이 든다. 스승과 제자가 사랑과 존경으로 연결되면 가정이나 친구끼리는 물론이고 자라서 직장의 상사와 부하 관계까지 돈독해진다.

첫 단추를 제대로 끼우면 끝까지 제대로 잠글 수 있는 것처럼 교육 중에 초등학교 교육이 가장 중요하다. 대학 교수보다 초등학교 선생님이 더 큰 역할을 하는 것이다.

| 말은 내용이 아니라 감정이다 |

　나는 옳게 말했는데 상대방은 화를 내거나 반발하는 경우가 종종 있어 갈등을 느끼고 충돌한다. 그리고 상대방을 이해할 수 없다고 실망한다. 화자(話者)의 입장에서는 '옳은 얘기를 하면 감사하지는 못할망정 이런 배은망덕한 사람이 있나' 하고 속상해한다. 그러나 청자(聽者)는 그 반대로 '왜 내 속을 긁는 거냐. 나에게 상처 주는 사람은 용납할 수 없다' 라고 생각한다.

　부부도 그렇고 부모 자식, 상사 부하도 같은 생각을 하며 살아간다. 말하는 방법 때문에 서로 적이 되는 것이다. 이 문제를 풀려면 동영상으로 찍어 함께 분석해보거나 역할극을 하여 서로 배역을 바꿔보면 쉽게 이해된다. 불화의 대부분이 바로 말하는 어투와 감정 때문에 생겨나는 것이다. 사람들이 《흥하는 말씨 망하는 말투》에 감동받고 수십 번씩 읽고 또 읽으며 학습하는 것도 말투와 말씨가 주는 영향력을 터득한 때문이다.

음식점 중에 '욕쟁이집'은 유명 업소로 손님이 바글거린다. 손님이 오면 주인은 상소리와 욕을 하지만 욕먹었다고 화내는 사람은 하나도 없다. 그것은 바로 말하는 감정 때문이다.

욕도 순화된 어조로 하면 유머가 되고, 바른 말도 감정이 들어가면 공격으로 변하는 것이다. 바른 말이라고 해서 바르게 들리는 것도 아니며, 욕이라고 해서 나쁘게 들리는 것도 아니다. 말은 내용에 의해 설득되는 것이 아니라 말하는 감정에 의해 설득되기 때문이다.

말로 입은 상처는 평생 지워지기 힘든데 대부분 말투가 원인이 된다. 똑같은 음식도 그릇에 따라 맛이 다르게 느껴진다. 고급 식당에 가면 음식만 아니라 그릇과 수저도 최상품이 나온다.

명품 언어를 사용하는 사람은 말의 내용만이 아니라 말의 감정도 확실히 다르다. '아' 해서 다르고 '어' 해서 다르다고, 좋은 내용이라 해도 논리적 설득보다 감성적 설득이 중요하다.

주는 것 없이 밉상인 사람은 대부분 말을 담는 그릇에 문제가 있다. 그래서 거친 소리를 뚝배기 깨지는 소리라고 하는 것이다. 부드러운 감정으로 말하는 훈련이 무엇보다 중요하다.

이상헌의 말 잘하는 50가지 방법

사람은 하루 5만 마디 말을 한다. '말 한마디로 천 냥 빚을 갚는다'
는 속담을 실제 돈으로 환산해보면 천문학적인 액수다.

그러나 원석도 갈고 다듬어야 보석이 되듯 말도 가다듬으면 빛나
는 예술이 된다. 반찬만 골라서 먹지 말고 말도 골라서 하자.

01. 같은 말도 때와 장소를 가려 하라. 집에서는 히트곡이 여기서
는 소음이 된다.

02. 말에도 온도가 있다. 썰렁한 말을 버리고 화끈한 말을 써라.

03. 내가 하고 싶은 말만 하지 말라. 상대방이 듣고 싶어 하는 말

을 하라.

04. 입에서 나오는 대로 말하지 말라. 체에 거르듯 골라내도 불량
은 생긴다.

05. 상대방을 보며 말하라. 눈이 맞아야 마음도 맞는다.

06. 풍부한 예화를 활용하라. 예화는 말의 맛을 내는 천연조미료다.

♣

07. 같은 소리를 자꾸 하지 말라. 듣는 사람은 지겹다 못해 울고
싶을 지경이다.

08. 일관성 있게 말하라. 신뢰를 잃으면 진실도 거짓이 된다.

09. 혼자 떠들지 말라. 대화는 일방통행이 아니라 쌍방교류다.

10. 함부로 끼어들지 말라. 냉수만 차례가 있는 것이 아니다.

11. 나만 옳다고 생각하지 말라. 상대방의 의견도 옳다고 받아들
여라.

12. 죽는 소리를 하지 말라. 죽는 소리를 하면 천하장사도 살아남
지 못한다.

13. 말을 경청하며 반응을 보여라. 지방방송은 무식함의 극치다.

14. 불평불만은 불운을 끌고 온다. 화평과 충만의 친구가 되라.

15. 말은 내용보다 감정이 중요하다. 온화하게 말하라.

16. 눈은 입보다 더 많은 말을 한다. 눈으로 말하라.

17. 조리 있게 말하라. 전개가 잘못되면 동쪽이 서쪽 된다.

18. 비판은 적개심을 불러온다. 감싸주는 말을 하라.

19. 편집하며 말하라. 분위기에 맞게 더하기 빼기를 하라.

20. 미운 사람은 각별히 대하라. 그래야 적군도 아군이 된다.

21. 이성보다 감성에 호소하라. 쉽게 설득된다.

♣

22. 재미있게 말하라. 같은 말도 맛깔스럽게 하면 사람이 모인다.

23. 선한 말은 기분을 좋게 한다. 좋은 에너지가 주위를 둘러싸기 때문이다.

24. 상처 주는 말을 하지 말라. 부모 자식 간에도 원수로 변한다.

25. 말에도 맛이 있다. 감칠맛 나는 말을 하라.

26. 또박또박 말하라. 속으로 웅얼대면 염불인지 욕인지 남들은 모른다.

27. 뒷담화하는 사람과는 가까이 지내지 말라. 다른 데서는 내 말 하는 사람이다.

28. 좋은 글을 많이 읽어라. 올바른 생각이 올바른 말을 만든다.

29. 부정적인 말은 하지도 듣지도 말라. 부정적인 말은 부정 타는 말이다.

30. 모르면 이해될 때까지 열 번이라도 물어라. 묻는 것은 결례가 아니다.

31. 밝은 음색을 만들어 말하라. 듣기 좋은 소리는 음악처럼 아름답다.

32. 상대방을 높여 말하라. 말의 예절은 몸으로 하는 예절보다 윗

자리에 있다.

33. 칭찬·감사·사랑의 말을 많이 사용하라. 그것이 복 짓는 말이다.

34. 자리에 맞는 말을 하라. 잔칫집에서 장례식 얘기하는 사람도 있다.

35. 입에서 나오는 대로 말하면 경솔한 사람이다. 가슴에 물어보고 말하라.

36. 대답을 강요하지 말라. 스스로 느끼게 말하라.

37. 말로 인해 입은 상처는 평생 간다. 말에는 지우개가 없으니 조심하라.

38. 말에 관한 저서를 섭렵하라. 그래야 말의 전문가가 된다.

39. 품위 있는 말을 사용하라. 자신이 하는 말이 자신의 인격이다.

40. 자만·교만·거만은 적을 만든다. 겸손하게 말해야 내가 올라간다.

41. 기어들어가는 소리로 말하지 말라. 그것은 임종 때의 언어다.

42. 온몸으로 말하라. 드라마 이상의 효과가 나타난다.

43. 활기 있게 말하라. 생동감은 상대방을 감동시키는 원동력이다.

♣

44. 솔직하게 말하고 진실하게 행하라. 그것이 승리자의 길이다.

45. 말에는 언제나 책임이 따른다. 책임질 수 없는 말은 하지 말라.

46. 실언이 나쁜 것이 아니라 변명이 나쁘다. 변명 대신 곧바로 사

과하라.

47. 말에는 메아리 효과가 있다. 자신이 한 말이 자신에게 가장 큰
영향을 미친다.

48. 말이 씨가 된다. 어떤 씨앗을 뿌리고 있는가를 먼저 생각하라.

49. 함부로 말하지 말라. 필요할 때 필요한 말을 필요한 만큼 하라.

50. 많다고 좋은 것이 아니다. 소식(少食)·소언(少言)은 장수비결
이다.

6장

웃음의 놀라운 파워

〈웃으면 복이 와요〉라는 버라이어티쇼가 시청자를 끌어모으던 시절, 그 프로를 보면서 시름을 풀었다. 지금은 〈개그콘서트〉가 시청자를 끌어모으는데 웃음에서 나오는 에너지가 기분을 좋게 하고 가정에 활력을 만들어준다.

Professional

지하철을 타면 그 안에 있는 사람들의 표정부터 살펴보는데 웃는 얼굴은 찾아보기 힘들다. 건드리면 폭발 직전의 사람처럼 살벌하게 느껴진다. 물건을 파는 잡상인이나 '예수천당 불신지옥'을 외치는 사람도 표정이 없기는 매한가지다. 표정이 없다는 것은 감정이 굳어 있다는 얘기다.

어린아이들은 누가 어르면 금방 웃는다. 생후 6개월의 아기는 하루에 450회에서 600회 웃는다. 그러나 성인이 되면서 웃는 횟수가 급격히 줄어든다. 평생 일하는 데 21년 반, 잠자는 데 23년, 화내는 데는 4년인데, 웃는 시간은 46일이다. 화는 두고두고 내지만 웃는 것은 고작 2~3초밖에 되지 않기 때문이다. 웃는 시간을 화내는 시간 이상으로 늘려야 한다.

장수하려고 몸에 좋다는 것은 다 구해 먹었다는 진시황은 49세에 세상을 떠났지만, 조선조의 황희 정승은 가난한 서민들이 먹는 음식을 먹었어도 항상 여유로운 마음가짐으로 살아 90세를 넘겼다. 웃음은 기쁨을 만들고 기쁨은 무병장수를 만드는 특효약이라는 것을 증명한 셈이다.

병원 간판에 전에 없던 '노화방지 전문' 이란 글귀가 최근 들어 부쩍 늘었다. 전에는 병이 생겨야 병원을 찾았지만, 이제는 젊어지려고 병원을 찾는다.

건강연령은 삶의 질과 수명을 결정해주는 진짜 나이이므로, 나이보다 젊게 사는 사람을 만나면 많은 사람에게 전해주려고 그 비결을 묻고 메모한다. 체질은 타고난다고 하지만, 대부분 자기관리에 철저한 사람들이 젊음을 유지한다. 자기관리를 철저하게 하기 위해서는 지켜야 할 사항이 있다.

1. 즐겁게 먹으면 신체기능이 활발해져 건강이 향상된다. 즐겁게 먹는 음식이 보약이다.
2. 음식마다 제각각 다른 영양소가 들어 있다. 골고루 먹으면 보약이다.
3. 편식은 노화와 질병에 약하다. 영양이 편중되기 때문이다.
4. 물도 보약이니 몸에 좋은 물을 제대로 마신다. 하루 8컵 이상 마신다.
5. 걸으면 당뇨·고혈압·심장병 등 성인병의 80%가 예방, 뇌세

포가 활성화되고 스트레스가 사라진다.

6. 자주 크게 웃는다. 재미난 얘기를 기억했다가 사용한다. 칭찬과 웃음은 보약보다 이롭다.

7. 충분히 자면 상쾌한 하루가 보장된다. 창조적인 생활을 하려면 하루 8시간 정도 잠을 자야 한다.

8. 사랑에는 정년이 없다. 사랑하면 신바람이 나고 기쁨을 만드는 제1요소다.

9. 부정적인 감정은 질병을 일으킨다. 어떤 일이든 감사함으로 수용한다.

10. 감동과 감격의 선두주자가 된다. 그러면 암까지도 물러난다.

| 웃는 예수 |

〈웃으면 복이 와요〉라는 버라이어티쇼가 시청자를 끌어모으던 시절, 그 프로를 보면서 시름을 풀었다. 지금은 〈개그콘서트〉가 시청자를 끌어모으는데 웃음에서 나오는 에너지가 기분을 좋게 하고 가정에 활력을 만들어준다.

집에 걸려 있는 그림이나 글씨, 사진 역시 집안의 기운을 좌우하는데 밝은 마음, 긍정의 기분을 느끼게 하는 것이 좋은 작품이라고 할 수 있다.

교회나 교인의 집에는 예수가 가시면류관을 쓰고 십자가에 매달려 고통받는 모습이 있는데 이는 수천 년이 지난 지금까지 변하지 않는다. 처음에 어느 작가가 그린 작품이 그대로 전해 내려와 기쁨은 없고 고통 속에 살다 가신 분으로 느끼게 된다. 이분이라고 기쁘거나 감동받은 경험이 전혀 없을 리가 없다. 사람의 표정은 시시각각으로 변해 수천 가지로 표현될 수 있으니 이제는 웃음과 기쁨의 예수로 부활시켜야 한다고 생각한다.

어느 심리학자가 재미있는 실험을 했다. 활짝 웃는 사진이 붙어 있는 에세이와 찌푸린 사진이 붙은 에세이를 학생들에게 나눠주고 두 편에 대한 독후감을 써내게 했는데, 웃는 얼굴의 글은 모두 호평을 했고 찌푸린 사람의 글은 약속이나 한 듯 혹평을 했다. 사실은 둘 다 같은 사람의 글이며 사진도 같은 사람의 표정을 연출한 것이다. 집에도 웃는 사진이나 꽃 그림이 걸려 있으면 편한 기분을 느끼지만 살벌한 느낌의 작품은 별 도움이 되지 않는다.

사랑의 하느님이라면 표정도 사랑·기쁨·자비가 흘러야 한다는 생각에 변함이 없어, 이제 예수도 다정다감한 표정으로 새롭게 부활하고 고통의 십자가에서 내려와야 한다. 진정한 신앙인이라면 그 십자가를 대신 져 그분의 고통을 줄여드려야 한다는 생각을 나는 어려서부터 해왔는데 나만 그런 생각을 한 것은 아닌 것 같다.

웃는 예수의 초상화가 홍준표 화백의 얘기를 들어보자.

"상처뿐인 예수, 고통의 예수로 재현하는 것은 성경적인 원리에서 해석된 것이 아니라 처음에 그린 작가의 것을 그대로 답습하기 때문으로 알고 있습니다. 전에 김기창 화백이 그린 갓 쓰고 한복 입은 친숙한 예수상을 본 기억이 있습니다. 그것을 보고 아프리카의 예수는 흑인이어도 좋고 한국의 예수는 황인종이 좋겠다는 생각을 했습니다. 그러나 모두 웃는 예수여야 한다고 생각했지요. 사진 찍을 때 카메라맨이 왜 '김치~' 하겠습니까?"

내가 아는 한 사업가는 좌절과 갈등, 불화가 반복되어 힘들었는데 〈웃는 예수〉를 거실에 건 다음부터 집안 분위기가 달라지고 사업도 잘되고 있다. 웃음에는 긍정 파동이 나오기 때문이다.

웃음은 사람을 즐겁게 하고 마음을 밝게 만들어준다. 같은 원리로 환한 웃음이 담긴 사진을 활용하면 좋은 기운을 느끼고 행복의 상승 효과를 일으킨다.

개인택시 운전대 앞에 아이들 사진이나 활짝 웃는 가족사진을 손톱만 한 액자에 넣어 붙여놓은 사람들이 있는데 본인의 취향이지만 승객도 사진을 보며 즐거워한다.

"웃는 가족사진을 설치한 다음부터 수입도 늘었어요. 사진을 보고 웃으며 대화하는 손님은 내릴 때 거스름돈도 받지 않고 그냥 내리십니다. 기분이 좋으면 사람이 너그러워지나 봅니다."

내가 즐거우면 상대방도 즐거워진다. 마음은 마음으로 통하기 때문이다. 휴대전화 바탕화면에 아내나 자녀 사진을 넣어둔 사람이 많다. 이왕이면 다홍치마다. 꽃처럼 활짝 웃는 사진을 넣어두자. 하루에도 수십 번 보다 보면 웃는 사진이 부적 효과를 나타낸다.

| 담장을 허물자 |

　속이 막히면 소화를 시키지 못해 아무리 좋은 음식도 그림의 떡이 되고, 혈관이 막히면 고혈압·동맥경화 증상이 나타난다. 그리고 생각이 막히면 더 발전할 가능성이 없으니 막힌 것을 뚫는 것이 장수와 발전의 비결이다.

　막힌 하수도를 뚫는 일을 하는 사람이 있다. 냄새나는 일을 묵묵히 하는 그들에게 박수를 보내줄 만하다.

　동·서독은 정치적으로 가로막혀 있다가 장벽을 허물고 통일되었는데 우리만 아직 남북을 가로막는 장벽 때문에 많은 아픔을 겪고 있다.

　가정에서는 부모와 자식 간에 또는 부부간에 철통 같은 장벽이 가로막고 있는 집도 많다. 직장에도 상사와 부하, 노와 사의 장벽이 있고, 정부와 국민 사이에도 장벽이 있어 어려움을 겪는다.

　그런데 최근 대구에서 장벽 허물기를 하고 있어 화제가 되고 있다.

대구는 담장 허물기 운동 덕분에 정겨운 동네로 변하고 있다.

대구에서 경북대학교와 대구 서구청이 처음으로 담장을 허물고 가로공원을 조성한 이후 16개 시도의 관공서로 담장 허물기 운동이 번졌고, 지금은 전국적으로 확산되고 있다.

왜 원수를 사랑하라고 했을까. 원수를 위해서가 아니라 자기 자신을 위해서다. 내가 원수를 미워한다는 사실을 원수는 모르니 고통당하는 것은 바로 나 자신이다. 그러니 사랑은 하지 못할망정 미워해서는 안 될 일이다.

내게도 때때로 미운 사람이 생겨나지만 나는 결코 그를 미워하지 않는다. 미워함으로써 생겨나는 고통을 받지 않기 위해서인데, 그 대신 미운 놈 떡 하나 더 준다.

나에게 특별대우를 받은 사람은 가까운 사람이 아니라 대부분 미운 사람이다. 그러다 보면 어느 순간 오히려 나에게 지극정성을 보여준다. 내가 장벽을 무너뜨리니까 하나가 되는 것이다.

우리 선조들에게는 특별히 담장이랄 것이 없었다. 싸리나무 울타리나 토담, 돌담 등으로 낮게 구역을 표시했을 뿐이다. 그래서 집 안에서도 지나가는 사람과 눈을 맞추며 정답게 인사를 나눌 수 있었다.

그러나 언젠가부터 벽이 점점 높아지고 아무나 근접할 수 없게 여러 장치가 설치되었다. 그러던 것이 담장 허물기 운동으로 점차 한 동네 사람끼리 얼굴을 자주 보며 어울리게 되었다.

내가 먼저 담장을 허물면 이웃도 덩달아 담장을 허물듯이 내가 먼저 사람들 사이에 있는 장벽을 깨려고 노력해야 한다. 먼저 다가서려는 노력도 하지 않고 '요즘 사람들은 너무 냉정해' 라고 불평하지 말자. 내가 장벽을 깨고 다가서면 상대 역시 손을 내밀 것이다.

| 웃는 흉내만 내도 행복해진다 |

　동창 모임에 가보면 같은 나이인데도 청년 같은 사람이 있고 꼬부랑 할아버지 같은 사람도 있어 결국 나이는 숫자에 불과하다. 대부분의 사람은 30대가 넘으면 인간미를 나타내는 근육이 퇴화되고 먹고 말하는 생리적 근육과 수다 떠는 근육만 남는다는 말이 있을 정도다.

　특히 남을 비방하거나 험담 잘하는 사람은 표정근이 굳어지는데, 에이브러햄 링컨의 얘기가 아직도 떠오른다. 그가 대통령이 되자 가까운 지인이 국무장관 후보를 천거했는데 단번에 거절하며 한 말이 있다.

　"사람은 40세가 되면 자기 얼굴에 책임을 져야 한다."

　'남자의 얼굴은 이력서, 여자의 얼굴은 청구서' 란 말도 있다. 아름다운 얼굴은 하루에 5분씩만 소리 내 웃어도 만들어지는데 웃음이 실종되면 행복도 실종된다. 서로 마주 보고 웃는 부부는 행복과 젊음이 저절로 만들어지지만 소 닭 보듯 하면 앞날이 암담해진다.

웃음과 담쌓는 사람의 얼굴 근육은 노화가 빨리 오게 마련이어서 이것을 고치려면 덕담과 감사, 칭찬의 말을 사용하며 웃음의 양을 늘리는 것이 최상의 방법이다.

이정은 씨는 가톨릭 대학 재학 중 성적뿐만 아니라 최고로 인상이 좋다는 평가를 받았다. 저녁에 잘 때 입꼬리를 활처럼 당겨 웃는 표정을 지은 채로 잠드는데 그러다 보니 꿈도 웃는 꿈을 꾸게 되었다는 것이다. 이정은 씨가 대학 졸업 후 10여 년이 지났을 때 나는 가톨릭 대학 교직원 연수에 초청받아 출강했는데 이 얘기를 하자 기억하는 교수들도 꽤 많았다. 학교 측에서 내가 이정은의 아버지라는 것을 알고 강의를 요청한 것이었다.

표정을 밝게 지으면 기분이 좋아지고 과거를 회상할 때도 기뻤던 일이 더 많이 떠오른다. 이처럼 얼굴 근육은 기분에 따라 다르게 움직이며 표정을 바꾸면 감정도 달라진다. 즐거워서 웃는 것이 아니라 웃으니까 즐거워진다. 대뇌의 감정중추는 표정을 관장하는 운동중추와 인접해 있으면서 서로 영향을 주고받기 때문이다. 대뇌는 진짜 웃음과 가짜 웃음을 분간하지 못한다. 그래서 웃음 전문가들은 가짜로라도 웃으라고 얘기한다.

수업 직전 학생들에게 1분간 폭소를 터뜨리게 하는 선생님이 있는데 그러면 집중력이 높아지고 학습태도가 몰라보게 좋아진다고 한다. 인간의 뇌파는 1초에 8회에서 14회 진동하는 알파파와 그 이상인 베타파로 구성되어 있다. 알파파의 상태에서 편안함을 느끼고 집중력이나 기억력이 놀라울 정도로 상승한다.

한 실험에 의하면 약 2분간 웃었을 때 우뇌에서 알파파가 나오고 좌뇌에서는 베타파만 감지되었지만, 거울 앞에서 가족과 친구들을 떠올리며 그들에게 웃는 얼굴을 보인다는 생각으로 웃음을 지으면 좌뇌에서 알파파가 나타난다.

웃음은 뇌의 어느 한쪽을 자극하기보다는 오케스트라의 지휘자처럼 뇌를 골고루 다스려 아름다운 웃음을 만들어낸다. 밝게 그리고 크게 웃는 웃음소리는 뇌의 오케스트라가 쏟아내는 아름다운 음악과 같다.

유능한 강사, 유능한 목사는 단상에 올라가면 적어도 5분에 한 번씩 웃음을 터뜨리게 한다. 웃음의 유무로 유능하냐 무능하냐가 판별된다. 방송 예능 프로의 인기가 점점 올라가는 것도 웃음의 영향이다. 전에는 예능 프로를 아나운서가 진행했지만 지금은 거의 연예인들이 진행한다. 역시 웃음과 관계가 깊다. 웃음은 뇌에서 나오는 파장을 변화시켜 즐거움을 안겨주는 것이다.

| 웃음으로 성공한 작가 |

Professional

　영국 빅토리아 시대의 유명한 작가 찰스 디킨스의 어린 시절 이야기다.

　어느 추운 겨울날 구두 닦는 소년이 있었다. 소년의 아버지는 말단 군무원이었지만 씀씀이가 커서 늘 빚을 지고 살다 빚을 갚지 못해 형무소에 가게 되었다. 소년은 학교에도 못 가고 아버지가 수감되어 있는 형무소 앞에서 구두를 닦으며 생활했다. 손과 얼굴은 늘 검은 구두약으로 범벅이 되었지만 콧노래를 부르며 웃으면서 일하자 손님들이 물었다.

　"구두 닦는 일이 그렇게도 즐거우냐?"

　"그럼요, 즐겁고말고요. 저는 지금 손님의 구두를 닦는 것이 아니고 장래의 제 길을 닦고 있는 것이니까요."

　그러면서 틈틈이 종이에 무언가를 적고 있었다. 그는 이후 신문사

통신원으로 경험을 쌓고 《올리버 트위스트》, 《크리스마스 캐럴》을
써 유명해져 '웃으면 복이 온다' 는 것을 증명해 보였다.

　온실에서 자란 꽃과 들판에서 자란 꽃은 다르다. 모양은 같아도 향
기에서 큰 차이가 난다. 온실에서 자란 꽃은 고생하지 않지만 들판에
서 자란 꽃은 거센 바람과 비를 이겨내야 하다 보니 외양은 수수해도
향기는 더 진하고 더욱 건강하다. 오늘의 어려움에 넘어지면 안 된
다. 그 시련 속에 담겨 있는 진리의 뜻을 알고 이겨내야 한다.

　실패의 원인과 형태는 다양하다. 힘든 질병, 사업이나 인간관계의
실패, 가정의 파탄일 수도 있지만 실패는 반드시 극복된다는 것을 잊
어서는 안 된다. 실패를 통해 우리는 지혜를 얻기 때문이다.

| 웃음은 승리자의 표정이다 |

선거에 출마하는 사람은 너나없이 자신이 당선되리라는 믿음을 가지고 있다. 그 이유는 간단한데 자신이 당선될 조건을 나열한 후 상대 후보가 낙선될 이유와 비교하기 때문이다.

자신이 속한 정당을 보고 지지하리라고 생각하는 사람도 있고, 그동안 지역을 위해 자신만큼 노력한 인재도 없다고 생각하는 이도 있으며, 자신의 지지기반 정도면 당선은 충분하다고 자신하는 사람도 있다.

그래서인지 선거가 끝나면 낙선자는 '승자는 당연히 나인데 뭔가 부정이 있다'는 식의 주장을 펴며 패배 사실을 받아들이려 하지 않는 경우도 많다.

그러나 유권자의 입장은 다르다. 대부분의 사람은 후보들에 대해 충분한 정보가 없기 때문에 투표하는 순간까지 지지자를 결정하지 못하는 경우가 예상 외로 많다. 때문에 이들의 마음을 잡아야만 당선이 가능해진다.

선관위에서 선거 공보를 각 유권자에게 발송하지만 꼼꼼히 들여다보는 사람은 그리 많지 않다. 워낙 바쁜 세상이라 거기까지 신경을 못 쓰는 것이다. 결국 결정적으로 영향을 미치는 요인은 길가에 붙어 있는 선거 벽보, 운동원들의 표정, 주변 사람들의 평가 등이다.

한 후배가 선거에 출마했는데 정치 신인인지라 어려움이 많다고 도움을 청해왔기에 다음 사항을 일러주었다.

1. 절대로 상대방 후보나 당을 비방하지 말 것.
2. 오히려 그들의 장점을 치켜세워줄 것.
3. 선거 연설은 3분 이내로 할 것.
4. 유세를 들어준 유권자에게 감사하다는 얘기를 꼭 할 것.
5. 언제 어디서나 당당할 것.
6. 얼굴 가득 웃음을 띠고 있을 것.
7. 운동원들도 항상 웃음을 띠고 다닐 것.

선거 운동원과 후보에게 아침마다 입이 찢어지도록 크게 웃는 훈련을 시키고 누구를 만나든 크게 웃으며 반갑게 인사하도록 했다. 웃음은 분위기를 밝게 해주고, 서로의 벽을 허물어주는 친화력과 상대방을 끌어당기는 흡인력이 있기 때문이다.

선거가 끝나고 후보가 당선되는 영광은 얻었지만 대부분 턱관절에
이상이 생겨 치료를 받아야 했다. 평소에 웃지 않던 사람들이 크게
웃다 보니 턱관절에 무리가 생긴 것이다.

| 취업 축하합니다 |

실력이 있다고 취업에 성공하는 것은 아니다. 실력은 뛰어나지만 번번이 면접에서 떨어지는 사람도 있다. 그 주인공이 찾아왔는데 인상이 무척 차가워 보였다. 그는 시험에 우수한 성적으로 합격하고도 면접에서 번번이 탈락한 것이다.

"성형수술을 하면 어떨까 상의하려고 합니다."

"성형수술을 하려면 돈도 꽤 들 텐데……."

"취직만 된다면 빚 얻어서라도 해야지요."

취업이 안 돼 갈등을 느끼는 절박한 심정은 충분히 이해가 된다. 이것은 남의 일이 아니다. 그러나 인상을 좌우하는 것은 표정이어서 표정만 바꿔도 인상은 변한다. 그에게 10초 동안 웃어보라고 하니 웃는 것인지 우는 것인지 분간이 안 될 정도였다. 1시간 동안 웃는 훈련을 한 다음 21일간 반복하라고 알려주었는데, 얼마 안 있어 좋은 직장에 취업이 결정되었다는 감격적인 목소리가 들려왔다.

요즘 여자만 성형수술을 하는 것이 아니라 남자들도 한다. 수술에 남녀가 있을 수 없지만 그 전에 마음부터 바꿔야 한다. 마음이 변하면 표정도 변하고 운명도 변하기 때문이다. 웃는 데는 돈이 들지 않지만 그 효과는 엄청나다.

기네스북에 5회나 연속으로 오른 미국의 자동차 세일즈맨 조 지라드는 평생 1만 3000대를 팔아 프로 세일즈맨의 신화를 기록했는데 그의 말에 귀를 기울여보자.

"웃음은 사람의 마음만 여는 것이 아닙니다. 지갑까지 열게 합니다."

특히 영업을 하는 사람은 표정에 신경을 써야 한다.

J산업은 판매회사로 영업사원만 300여 명 되었지만 몇 해째 판매 실적이 계속 줄어들어 도산위기에 처하자 조언을 부탁해왔다. 방문해보니 대낮인데도 그믐밤처럼 음산한 느낌이 들어 사장에게 말했다.

"영업사원의 표정부터 바꿔야 합니다."

"그게 쉽습니까?"

"나에게 맡겨주십시오. 21일간 조회를 통해 변화시키겠습니다."

아침마다 정신교육과 함께 웃음훈련을 시켰는데 그 다음 달부터 매출이 급상승했고 쓰러져가던 기업이 다시 우뚝 서게 되었다. 웃음은 이처럼 엄청난 에너지를 가지고 있다.

한 프로 세일즈맨은 고객을 만나 계약할 때는 항상 과거에 큰 계약을 따냈을 때의 감정과 기분을 떠올리는데 그러면 어깨가 자연스레 펴지면서 얼굴에 환한 웃음이 번진다는 것이다. 그러고 나서 지금의 계약이 성공적으로 마무리되었을 때의 기분을 상상하는데 이 기분으로 사람을 만나면 상상했던 대로 일이 척척 풀린다고 한다.

내가 웃으면 고객도 웃고 내가 긴장하면 고객도 긴장한다. 미국의 최고 세일즈맨인 찰스 스워브는 웃음이 자신을 정상으로 올려놓았다고 말한다.

비즈니스맨이 중요한 계약을 앞두면 대부분 가슴이 뛰고 진정되지 않는다. 어떤 사람은 화장실에 들어가 혼자 거울 앞에서 박장대소를 한다. 한참을 웃고 나니 마음이 편해지고 자신감이 생겨 계약을 멋지게 성사시켰다고 한다.

웃음은 실제로 자신감을 가져다주고 모든 것을 끌어들이는 자석과 같은 힘이 있어 사람의 마음까지 얻을 수 있다. 태어날 때는 울면서 태어났어도 사는 것은 웃으며 살아야 한다. 한 번뿐인 삶이기 때문이다. '당신은 사랑받기 위해 태어난 사람' 이란 노래가 있다. 사랑받기 위해서는 먼저 웃는 얼굴이 되어야 한다.

미국 남서부에 살던 어느 인디언들에게는 갓 태어난 아기에게 '웃음부모' 를 정해주는 풍습이 있었다. 피를 나눈 부모 자식 사이는 아니지만 아이를 직접 간지럼 태우는 것 외의 다른 방법으로 가장 먼저 웃게 만든 사람이 아이의 웃음부모가 되는 것이다.

　이렇게 정해진 관계는 평생에 걸쳐 계속되어 힘들고 어려운 일이 있을 때마다 아이는 웃음부모를 찾아가 함께 웃으며 고통과 위기를 극복해나간다. 낳아준 부모가 이 땅에 나와 빛을 보게 해주었다면, 웃음부모는 어떻게 살아야 행복한지 그 방법을 알려주는 부모인 셈이다.

| 웃음은 사람을 끌어모으는 흡인력이 있다 |

Professional

웃음 띤 얼굴에서 사람의 향기가 느껴지고 추운 겨울 따뜻한 햇볕처럼 온화함이 느껴져서 사람들이 몰려들게 만든다. 인격자는 말을 아끼기를 돈 아끼듯 하고 상대방의 얘기에 귀를 기울이며, 내 생각과 달라도 빙그레 미소 짓는다. 그러나 인격이 모자라는 사람은 말과 행동이 다르며, 남의 좋은 얘기도 자신의 이해상관 잣대로 재서 자신에게 불리하다 느껴지면 맹공격을 퍼붓는다. 사려 깊은 사람은 매사에 신중하여 주위 사람에게 신뢰를 주게 마련이다. 따라서 어디서나 좋은 평가를 받으며, 상대방의 입장을 배려해 일처리를 하므로 누이 좋고 매부 좋은 공동 승리가 절로 이뤄진다.

상대방에게 미소를 보여주는 것도 커다란 배려요 하나의 예의다. 따라서 예의 바른 태도는 어떤 능력보다 더 강한 영향력을 발휘한다. 진심으로 예의를 갖춰 사람들을 대한다면 자신의 위상은 자연스럽게 달라진다. 공손한 말투나 사랑이 넘치는 밝은 표정은 아름다운 얼굴보다 낫고, 친절한 배려는 훌륭한 예술품을 감상하는 것 이상의 감동을 준다. 지금이야말로 너나없이 실종된 웃음을 되찾아야 할 때가 아닌가 싶다.

〈브레이크 뉴스〉는 인터넷 신문으로 한 달에 1100만 회 이상의 조회 수를 자랑한다. 〈브레이크 뉴스〉의 문일석 대표는 국민에게 웃음을 되찾아주기 위해 최근 '웃음교'를 창설, 자칭 교주가 되었는데 놀랍게도 사람들이 구름처럼 몰려든다. 헌금이 있는 것도 아니고 특별한 집회가 있는 것도 아니지만 놀라운 흡인력이 있는 것이다.

미국 역대 대통령 중에 가장 추앙을 받는 사람은 에이브러햄 링컨 대통령이다. 그가 국회에서 발언할 때 정적들은 있는 말 없는 말을 동원하여 공격했다.

"링컨 대통령은 두 얼굴의 사나이요."

이중인격자라고 꼬집은 것이다. 그러자 링컨 대통령은 표정 하나 변하지 않고 말했다.

"내가 두 얼굴이라면 귀한 분들 앞에 하필 이 못생긴 얼굴을 가지고 나왔겠습니까?"

이 말을 들은 정적들도 폭소를 터뜨리고 손을 들고 말았다.

관상(觀相)의 바이블인 《마의상서(麻衣相書)》에 '좋은 상은 웃는 상이고, 흉한 상은 근심하는 상' 이라고 쓰여 있다. 상이란 겉에 나타난 마음이어서 시시각각으로 변하는 마음이 얼굴에 예보처럼 나타나는

데, 예보의 내용인 표정을 바꾸면 운명도 변한다.

성경에서 '범사에 감사하고, 쉬지 말고 기뻐하며, 쉬지 말고 기도하라'고 한 데는 이유가 있다. 쉬지 않고 감사하고 기뻐하며 기도하다 보면 그 마음이 밝아져서 절로 밝은 표정이 만들어진다. 요즘 말로 얼짱이 되는 것이다.

밝은 얼굴은 사람들에게 호감을 주어 대인관계가 원만해지므로 자연히 협력자가 늘어난다. 또한 마음의 평화가 유지되어 지상천국의 행복감을 느끼는 데다 면역기능이 강화되기 때문에 웬만한 병에도 끄떡없는 건강체로 변한다.

우리나라에는 매년 많은 의사들이 배출되지만 인턴은 하늘의 별 따기다. 학교에 남아 있지도 못하고 취업도 되지 않아 의원을 개설하는 의사가 적지 않다. 한 건물 안에 수많은 의원들이 밀집해 있는 것을 보면 그 숫자가 어느 정도인지 가히 짐작이 간다.

그러나 잘되는 의원은 따로 있어 환자들이 치료를 받기 위해 몇 시간씩 기다리는 것도 마다하지 않는다. 음식점만 소문난 곳으로 몰리는 것이 아니라, 환자도 마찬가지다. 잘되는 의원의 공통점은 의사가 인자한 미소를 띠고 있다는 점이다.

한의학 박사 우호 씨는 편안한 미소와 다정한 태도로 아무리 까다로운 환자가 찾아와도 마음을 열고 시술을 받게 한다. 의사의 역할은 환자 스스로의 자연치유력을 최대로 끌어올려주는 것이라는 신념을 갖고 있는 그는 다년간의 노하우를 바탕으로 약침과 한약 발효 엑기

스를 개발하여 아토피 · 여드름 · 건선 · 습진 · 탈모 등의 피부질환
과 류머티즘 환자에게 희망을 주고 있다.

우호 박사의 말에 귀 기울여보자.

"한의학적 식품 처방과 함께 웃음치료 · 눈물치료 · 음악치료와 같
은 심리치료와 삼림욕 · 스파, 긍정의 힘 특강 등을 해줄 각계의 전문
가와 협력하여 환자 자신이 병을 이겨내는 자연치유 난치병 전문센
터를 열 계획입니다. 또 한의학 외에도 여러 자연요법을 연구하여 서
로 융합시키면 새로운 의료기술을 탄생시킬 수 있어 세계로 진출할
꿈도 가지고 있습니다."

웃음이 승리를 약속한다

옛날 전쟁에서 장수끼리 맞붙어 싸울 때도 큰 소리로 호탕하게 웃는 장수가 이겼다. 웃음으로 기선을 제압하는 것도 있지만 웃음의 크기와 양이 힘을 증폭시키는 데 큰 역할을 하는 것이다.

프로선수들은 승부에 목숨을 건다. 관중은 재미로 보지만 선수들은 이기느냐 지느냐에 따라 자신의 수입은 물론이고 선수로서의 생명이 달려 있어 시합할 때마다 피를 말린다. 전에는 시합 때 감독이 단체로 미리 기합을 주었다. 그래야 성적이 오른다고 생각한 것이다.

그러나 최근 스포츠 심리학의 연구 결과에 새로운 학설이 제기되었다. 운동선수들은 팀 동료의 기분이 좋으면 자신의 기분도 좋아져 팀워크가 잘되어 더 좋은 경기를 펼친다는 것이다. 주변 사람의 기분이 자신에게 전염되기 때문이다.

승부에 기분이 큰 영향을 미친다는 것을 실험하기 위해 대학팀들이 연습경기를 하는 운동장에 가짜 도사(?) 한 분을 모시고 찾아갔다.

"이분의 예언은 한 번도 빗나간 일이 없으니 귀담아듣기 바랍니다"라는 멘트를 날리고 오늘 경기는 어떻겠냐고 질문했다. 물론 나와 가짜 도사가 짜고 하는 실험이다. 실력이 월등한 팀 감독에게 부정적인 말을 했다.

"오늘은 선수들의 기분이 안 좋은 것 같군요. 무슨 일이 있었습니까?"

이번에는 계속 부진을 면치 못하는 약체 팀 감독에게 말했다.

"선수들이 오늘은 활기가 넘칩니다. 아무래도 일 낼 것 같은데요."

가짜 도사가 바람을 잡자 감독의 기분은 곧바로 선수들에게 전달되었다. 잘하던 팀 감독은 선수들이 조금만 실수를 해도 짜증을 냈지만 못하는 팀 감독은 느긋하게 웃으며 관전했는데 아니나다를까 못하던 팀이 역전승을 거뒀다.

빙상의 여왕 김연아도 한때 슬럼프를 면치 못했다. 그녀는 웃음의 효용가치를 깨닫고 웃음 트레이닝을 받은 다음 11번이나 기록을 갱신했다. 선수가 웃으며 경기를 하니 관중도 웃으며 시합을 즐긴다. 만일 김연아 선수가 짜증내거나 무표정으로 시합을 했다면 세계 최고가 되지 못했을 것이다.

영국 셰필드대학교의 피터 토터델 교수는 이런 효과에 대해 이렇게 설명한다.

"한 직장동료의 미소를 보면 옆에 있는 사람들이 행복감을 느끼고,

모두가 표정과 분위기를 그에 맞추어 변화시키게 된다.”

웃음치료를 할 때 한 명이 웃기 시작하면 즉시 웃음이 퍼져나가고 마침내 그 웃음이 폭발적으로 전염되어 웃음의 도가니가 될 때가 적지 않다. 우리가 유념해야 할 것은 웃음이 전염되는 것처럼 행복과 성공도 전염된다는 사실이다. 이것을 모르고 학생을 야단치거나 자녀를 야단치는 경우가 종종 있다. 기분이 나쁘면 실적도 저조해지는 것은 당연한 일이다. 기분은 행복과 즐거움뿐 아니라 성공과도 밀접한 관련이 있다. 기분을 전환할 수 있는 최고의 방법은 웃음이다.

이혼 직전까지 갔던 부부를 지도한 일이 있다. 말없이 서로 보며 웃는 훈련을 시켰다. 이 부부에게 어떤 변화가 생겼는지는 말하지 않아도 독자 여러분이 더 잘 알 것이다.

사람의 뇌 속에는 여러 가지 뇌파가 나오는데, 깨어 있는 동안에는 몸에 해로운 베타파가 나온다. 이것은 100% 사람에게 스트레스를 주는 뇌파다. 그러나 밤에 잠을 자는 동안에는 알파파와 함께 엔도르핀이 나오는데 이는 모든 병을 고치는 기적의 호르몬이다. 아플 때는 평상시보다 많은 잠을 자는데, 잠을 푹 자고 나면 병이 절로 낫고 기분도 상쾌해진다. ‘미인은 잠꾸러기’란 말도 괜히 나온 것이 아니다.

깨어 있을 때도 알파파가 나올 때가 있는데 바로 웃을 때, 긍정적인 생각을 할 때, 그리고 사랑할 때다. 다른 것은 다 감출 수 있어도 사랑에 빠진 것은 감추기 어렵다. 사랑을 하면 마음에 기쁨이 가득 차서 표정이 달라지는 것은 물론이고, 뇌 속에서 알파파와 엔도르핀이 동시에 분비되기 때문이다. 엔도르핀은 우리 삶에 리듬감을 주며, 여유와 웃음을 가진 생활을 할 수 있도록 도와준다.

다이도르핀(Didorphin)이란 호르몬은 엔도르핀의 4000배 효과가 나타나는데 큰 감동을 받을 때 만들어진다. 경복궁역 종합청사 뒤쪽에 있는 한정식당 '토속촌'의 정명호 사장은 노무현 대통령의 왕팬이어서 대통령 선거에 목숨 걸고 뛰었다. 그런데 6개월 동안 감기가 따라다녀 아무리 약을 먹어도 효과가 없었는데 개표방송에서 "노무현 당선!" 소리가 나오자마자 감기가 씻은 듯 나았다.

아름다운 노래나 시를 들었을 때, 멋진 풍경에 압도되었을 때, 새로운 진리를 깨달았을 때, 엄청난 사랑에 빠졌을 때도 우리 몸에서는 놀라운 변화가 일어난다.

우리의 현실을 돌아보면 직장인의 스트레스 지수가 95%에 육박하는데, 미국(40%)이나 일본(61%)과 비교해 엄청난 수치다. 매년 2만여 명이 자살하며 35만 명이 자살을 시도하고 하루 평균 36명이 자살을 한다. 남자 3명 중 1명, 여자 5명 중 1명이 암에 걸린다는 사실 또한 우리를 우울하게 만든다. 해법은 삶을 즐기며 엔도르핀과 다이도르핀의 혜택을 최대한 누리는 것뿐이다.

우리는 웃음으로 남도 살리고 나도 사는 수지맞는 장사를 할 수 있다. 넉넉하게 포용하며 사는 지혜를 터득해 행복과 사랑의 주인이 되자.

Professional

걱정거리가 생기면 뜬눈으로 밤을 새는 사람이 적지 않은데 다음 날이면 몸도 제대로 가누지 못할 정도로 피곤해진다. 살다 보면 다들 크고 작은 걱정거리가 생기게 마련이지만 나는 이럴 때 일찍 자리에 누워 미소를 띤 얼굴로 잠을 청한다. 잠이 해결사라는 것을 알기 때문이다.

'아이디어로 돈을 법시다' 라는 주제로 매일 방송을 한 적이 있다. 그 내용을 책으로 내려고 어느 출판사와 계약을 했는데, 출판사의 편집장이 '적어도 160가지 이상의 새로운 아이디어가 필요하다' 면서 추가원고를 써달라는 것이다.

문제없다고 큰소리는 쳤지만 절반도 나오지 않아 끙끙대다, 더 이상 지체하지 않고 바로 누워 잠을 청했다. 자다가 눈이 떠져 일어났을 때는 별처럼 반짝반짝한 아이디어가 한 시간도 안 되는 사이에

100개 이상 나왔고, 그것을 엮어 만든 책은 당시 하루에 7000부씩 나가는 베스트셀러가 되었다.

독일 뤼베크대학교의 얀 보른 박사는 과학 전문지 〈네이처〉에 발표한 연구 보고서에서 "우리의 뇌는 낮에 풀지 못했던 문제들을 수면 중에도 계속 의식하고 있기 때문에, 충분한 수면을 취하고 나면 문제가 쉽게 풀릴 수 있다"고 밝혔다.

보른 박사가 일단의 지원자들을 대상으로 실험한 결과, 8시간 수면을 취한 그룹이 잠을 적게 잔 그룹에 비해 수학문제를 풀어낼 가능성이 3배나 높게 나왔다. 이는 기억이 뇌에서 저장되기 전에 재구성된다는 생화학적 연구 결과를 뒷받침하는 것으로, 기억의 재구성 과정에서 창의력이 향상되기 때문이다.

역사를 보면 잠을 푹 자고 나서 커다란 발명을 하거나 창의력이 필요한 큰일을 해낸 사람들이 적지 않다. 원소주기율표를 꿈속에서 그렸다는 러시아의 화학자 드미트리 멘델레예프, 긴긴 밤 푹 자고 나서 대서사시 〈쿠불라 칸〉을 완성한 영국 시인 새뮤얼 테일러 콜리지, 잠에서 깨어난 후 재봉틀의 아이디어가 떠올랐다는 미국의 발명가 엘리어스 하우가 그 대표적 예다.

긴 시간을 자려고 하기보다는 즐겁고 편안한 마음으로 숙면하고 나면 몸이 가벼워지면서 생각지도 않았던 해답이 줄줄 쏟아져 나온다. 걱정거리가 생기면 웃으며 잠을 청해보자. 이 방법은 우리가 생각한 것 이상으로 놀라운 해답을 가져다준다.

이상헌의 마술 같은 웃음의 기적 50가지

웃음은 건강과 행복, 성공의 3마리 토끼를 잡는 신무기다. 웃음은 무엇과도 바꿀 수 없는 엄청난 위력을 가지고 있다. 게다가 웃음 만드는 데는 돈이 들어가지 않지만 효과는 그 자리에서 나타난다.

01. 웃음은 꽃집 아가씨다. 꽃보다 더 아름답다.

02. 웃음은 고속전철이다. 웃다 보면 시간이 쏜살같이 흐른다.

03. 웃음은 고급 와인이다. 사람을 기분 좋게 취하게 한다.

04. 웃음은 박카스다. 피로가 싹 가시게 한다.

05. 웃음은 맥주 2병, 안주 1접시다. 삶의 기본이다.

06. 웃음은 부채표 활명수다. 답답한 속을 확 뚫어준다.

07. 웃음은 명의 허준이다. 못 고치는 병이 없다.

08. 웃음은 떼쓰는 아이다. 거절하지 못하게 만든다.

♣

09. 웃음은 개그콘서트다. 사람을 즐겁게 한다.

10. 웃음은 아이유다. 매력이 넘친다.

11. 웃음은 호객꾼이다. 사람들을 몰고 온다.

12. 웃음은 강력 접착제다. 사람을 달라붙게 만든다.

13. 웃음은 로또복권이다. 인생을 역전시킨다.

14. 웃음은 자동문이다. 마음의 문이 저절로 열린다.

15. 웃음은 전기충격기다. 그 자리에서 감전시킨다.

16. 웃음은 항암제다. 웃음치료로 암도 고친다.

17. 웃음은 복주머니다. 어디를 가나 복이 따라다닌다.

18. 웃음은 비아그라다. 즉석에서 효과가 나타난다.

19. 웃음은 큰 부자다. 웃다 보면 세상에 부러울 것이 없다.

20. 웃음은 아버지와 아들이다. 웃음이 웃음을 낳는다.

21. 웃음은 구구단이다. 한 번 배우면 평생 써먹는다.

22. 웃음은 소꿉친구다. 만나면 반갑다.

23. 웃음은 루이뷔통이다. 최고의 명품이다.

24. 웃음은 확대경이다. 숨은 장점이 드러나게 한다.

25. 웃음은 한글이다. 누구나 쉽게 배운다.

26. 웃음은 총명탕이다. 웃고 나면 집중력이 30% 향상된다.

27. 웃음은 귀여운 손자다. 사랑스럽기 이를 데 없다.

28. 웃음은 소녀시대다. 모두 싱글벙글하게 만든다.

29. 웃음은 떠오르는 태양이다. 세상을 밝게 만든다.

30. 웃음은 볼록렌즈다. 사람을 돋보이게 한다.

31. 웃음은 바이러스다. 웃음은 전염된다.

32. 웃음은 '낙하산 인사'다. 면접쯤은 무사통과다.

33. 웃음은 웹툰이다. 너무 재미있는데 공짜다.

34. 웃음은 김병만이다. 남녀노소 다 좋아한다.

35. 웃음은 꽃미남이다. 사람을 홀딱 반하게 만든다.

36. 웃음은 저금통장이다. 많을수록 부자다.

37. 웃음은 무료 시식권이다. 돈 들이지 않고 큰 효과를 거둔다.

38. 웃음은 우량 주식이다. 계속 상종가를 친다.

39. 웃음은 '현찰 박치기'다. 엄청난 위력을 나타낸다.

40. 웃음은 배후인물이다. 보이지 않는 영향력을 발휘한다.

41. 웃음은 꼬리표다. 어디든지 따라다닌다.

42. 웃음은 필수과목이다. 살면서 꼭 배워야 할 과목이다.

♣

43. 웃음은 우수 혈통이다. 웃음은 유전된다.

44. 웃음은 재벌이다. 천 냥 빚까지도 갚아준다.

45. 웃음은 짜고 치는 고스톱이다. 너도 좋고 나도 좋다.

46. 웃음은 열기구다. 사람을 둥둥 뜨게 만든다.

47. 웃음은 맥가이버 칼이다. 불가능을 가능케 한다.

48. 웃음은 3D 영화다. 눈앞에서 놀라운 일이 펼쳐진다.

49. 웃음은 등산 안내인이다. 정상 정복을 도와준다.

50. 웃음은 순금이다. 웃음이 주는 행복은 순도 99.9%다.

7장

행복한 부자가 되라

빈부를 결정하는 것은 주머니 사정이 아니라 마음의 태도다. 부를 생각하면 풍요가 따르지만 빈곤을 생각하면 빈곤이 찾아드는 것이 정석이다. 선생님이 출석 부를 때 "철수~" 하고 부르면 철수가 대답하고 "영이~" 하면 영이가 대답하는 것과 같은 이치다.

Professional

생각은 모든 것을 창출하는 샘과 같다.

먼저 마음속에 풍요를 채워놓으면 그려 넣은 대로 현실이 된다. 《119성공구조대》라는 책에 시각화용으로 1억 원짜리 수표를 만들어 부록으로 넣었다. 그 후 1년도 안 돼 정말 1억 원이 들어왔다는 전화가 쇄도했다. 수표를 보면서 '나는 1억 원의 주인이다'는 생각을 반복했다. 반복된 말과 생각은 서서히 의식에 변화를 일으키고 마침내 '그렇다'로 변하는 것이다.

알고 보면 풍요는 도처에 널려 있지만 죽는 소리와 없다 타령을 하는 사람만 힘들게 되는 것이다. 전에 대우그룹 김우중 회장이 한 말이 생각난다.

"내 눈에는 도처에 돈이 깔려 있는 것이 보입니다. 그런데 돈이 씨가 말랐다는 사람을 보면 이해가 안 됩니다."

빈부를 결정하는 것은 주머니 사정이 아니라 마음의 태도다. 부를 생각하면 풍요가 따르지만 빈곤을 생각하면 빈곤이 찾아드는 것이 정석이다. 선생님이 출석 부를 때 "철수~" 하고 부르면 철수가 대답하고 "영이~" 하면 영이가 대답하는 것과 같은 이치다.

|남이 잘되게 빌어줘라 |

하늘의 부를 씨앗이라고 할 때 책상 위에 씨앗을 놓아두면 100년 가도 열매를 맺을 수 없다. 씨앗이 싹을 틔우려면 흙과 물과 햇빛이 있어야 하듯 감사하는 마음이 최강의 에너지다. 남을 보면 반가워하고 즐거워해보자.

남을 미워하는 마음이 부의 흐름을 막고 궁핍으로 빠져드는 원인이 되기 때문이다. 예수가 왜 '원수를 사랑하라'고 외쳤는지 생각해보는 것도 필요하다.

덕담하는 사람에게 복이 돌아가고 악담하는 사람에게 화가 돌아온다. 주위를 살펴보자. 너나없이 말이 씨가 되어 길흉화복도 결정된다.

영화배우 김정은 씨가 삼성카드 CF에 출연해 '부자 되세요'라며 시청자들에게 복을 빌어준 일이 있다. 지금 생각해도 훈훈한 광고였다고 기억된다. 그런데 놀라운 일은 그해 연예인 중에 가장 높은 수

익을 올린 사람이 바로 김정은 씨라는 것이다.

남에게 복을 빌어주는 것도 결국 자신을 위하는 일이다. 자신이 뿌린 말씨는 자신이 거둬들이게 되어 있다.

아무리 힘들어도 죽는 소리를 하면 안 된다. '힘들다' 는 '힘이 들어온다' 의 줄임말이다. 프로선수들을 보자. 그들이 훈련하는 것을 보면 정말 힘든 것이 느껴진다. 그것이 바로 프로의 세계다.

봉급을 반납한 총장

사람은 돈이 없으면 꼼짝할 수 없다. 돈이 생명이어서 돈 있으면 살고, 돈 없으면 죽는 것이 현대인이니 취업을 하려고 머리를 싸맨다.

세상의 모든 문제는 결국 돈 문제여서 돈 때문에 울고 돈 때문에 웃다 보니 어느새 자녀들에게 돈을 잘 주는 부모는 훌륭한 부모이고 손 벌리는 부모는 불량부모(?)인 세상이 되었다.

산모가 아무리 힘을 주어도 애가 나오지 않았는데, 의사가 1만 원짜리를 꺼내 흔드니까 바로 나오더라는 우스갯소리도 있다.

2005년에 숭실대학교 11대 총장으로 부임한 이효계 총장은 국내 대학 총장으로는 처음으로 솔선수범하는 차원에서 4년 임기 동안 총 5억여 원이나 되는 보수를 받지 않기로 했다. 자신이라도 모교를 위해 헌신해야겠다고 생각한 것이다.

숭실대학교가 평양에서 서울로 이전해 재건된 1954년 이 대학 법대에 입학한 숭실대학교 서울 재건 1회 동문인 그는 이후 광주시장, 전남지사, 농림부 장관 등 공직을 두루 거친 전문 행정가로서 청렴결백하기로 소문난 사람이다.

"올해로 108주년을 맞는 모교가 존폐 위기라는 얘기가 나올 만큼 어려운 상황이어서 재정 문제를 해결하는 것이 지금 가장 시급한 과제입니다. 내가 모교를 위해 무엇을 할 수 있을지 고민한 끝에 봉급이라도 받지 않기로 한 것입니다. 나는 학교를 위해 봉사하라고 학교가 부른 사람이지만, 교수들은 봉급을 받아야 하는 생활인이어서 월급 반납은 나 하나로 충분합니다."

그는 지방의 어느 학부모가 '대학에 여학생 기숙사가 있느냐?'는 질문을 할 때 대답할 수 없어 마음이 무거웠다면서 열심히 뛰어 재정을 확보해 1000명을 수용할 수 있는 여학생 전용 기숙사도 만들고, 학교 시설을 확충하겠다는 뜻을 펼쳐 보였다.

대부분의 대학이 경영난에 봉착해 있어 부실이 심화되면 어차피 기업처럼 문을 닫아야 할 형편이어서 이효계 총장의 봉급 반납은 상징적인 효과가 크다. 돈이면 최고라고 생각하는 우리에게 돈보다 더 중요한 것이 있다는 것을 깨우쳐준 것만 해도 대단한 일이다.

옛글에 군자는 뜻을 위해 뛰고 소인은 이익을 위해 뛴다는 말이 있다. 많은 사람들이 머니(돈)교의 신자가 되어버린 이 시대에 이효계 총장은 의미 있는 삶이 무엇인지 직접 실천한 분이다.

많은 사람이 그분의 뜻에 동참해 이 나라 교육 백년대계에 벽돌 하나, 주춧돌 하나라도 놓아줄 거라고 믿는다. 하나가 열이 되고 백이 되고, 전 국민이 하나 되는 날을 기대해보는 것은 단순한 희망 사항에 그치지 않을 것이다. 우리나라 사람들은 한다면 하는 사람들이기 때문이다.

음식점에 가보면 아이들은 자기 부모가 아니라 모르는 아이들과 어울려 이리 뛰고 저리 뛴다. 그것이 끼리끼리의 법칙이다. 어항 속의 물고기를 봐도 같은 종끼리 몰려다닌다. 붕어와 피라미가 함께 어울리지는 않는다.

돈도 마찬가지다. 부자는 부를 더 많이 모으고 가난한 사람은 더욱 가난을 면하기 힘든 것도 같은 속성끼리 달라붙기 때문이다. 많든 적든 돈이 생기면 바로 은행으로 달려가 통장에 입금하는 사람이 있는데 몇 해 후에 보니 큰 부자가 되어 있었다.

기쁨으로 부를 받아들일 준비가 되어 있을 때 돈은 여러 방면에서 흘러들어온다.

한의사 오병호 씨는 지방에서 올라와 종로 3가의 5층짜리 빌딩을 보자마자 '이 빌딩은 내 것이다' 라는 생각을 강렬하게 했는데 얼마

후 그의 소유가 되었다.

'나는 더욱더 풍요롭게 되어 다른 이들을 풍요롭게 하고, 모두가 행복할 수 있다' 고 매일 외치며 잠재의식에 심어 넣는 것은 중요하다. 사촌이 땅을 사면 기뻐하는 마음가짐일 때 더불어 부를 누리며 살게 된다. 부는 마음의 상태이기 때문에 신념, 확신, 정열, 신용 등이 미처 느끼지 못하는 사이에 건강과 성공, 부로 탈바꿈한다.

| 부자가 되려면 부자처럼 행동하라 |

연기도 훌륭하게 하면 잠재의식에 전달돼 현실로 변한다. 풍요함이란 마음으로부터 시작되므로 우선 믿어야 한다. 믿음을 심으라는 말은 유복한 것처럼 행동하라는 뜻이다.

부채를 없애려면 청구서를 받았을 때 같은 액수의 수입이 있었다고 생각하며 감사의 뜻을 표한다. 이것이 습관화되면 잠재의식 속에 새겨져 상상의 수입은 현실의 수입으로 나타난다.

남을 위해 협력할 때 자신의 부는 큰 폭으로 불어난다. 또 신에게 협력한다는 마음가짐이 부를 무한대로 불어나게 한다. 나는 여럿이 모이면 돈이 없는 사람에게 식사값을 내게 한다. 이는 펌프질을 할 때의 마중물과 같은 것으로, 남을 위해 베풀면 그때부터 더 많은 부가 들어오는 것을 알 수 있다.

이상헌의 나누는 기쁨 50가지

우리나라 학생이 하버드대학교 입시에서 최고 성적을 받고도 탈락했는데 그 이유는 그동안 봉사한 사실이 없었기 때문이라는 것이다. 봉사야말로 인간의 기본이고 삶 자체다. 옛말에 '적덕지가 필유여경 적악지가 필유여앙(積德之家 必有餘慶 積惡之家 必有餘殃)'이라고 했다.

나눔은 덕을 쌓는 기본이요, 기쁨과 행복을 만들며 축복의 삶을 만드는 첫걸음이다.

01. 나눔은 삶의 가치를 높여준다. 가치 있는 세상의 주역이 되라.

02. 나눔은 휴대전화 충전기다. 바닥난 기쁨을 100% 충전해준다.

03. 나눔은 사랑의 실천이다. 사랑을 실천해 보람을 잉태하라.

04. 나눔은 공기청정기다. 탁한 세상을 맑게 하여 살 만한 곳으로 만든다.

05. 나눔은 뻥튀기다. 작은 도움을 주고 보이지 않는 엄청난 가치를 얻는다.

♣

06. 나눔은 메아리다. 돌고 돌아 몇 배로 증폭되어 돌아온다.

07. 나눔은 아름다운 사람의 주특기다. 아름답게 살아가라.

08. 나눔은 영혼의 호흡이다. 들이쉬고 내쉬지 않으면 죽게 마련이다.

09. 나눔은 세상을 밝히는 등불이다. 어두운 세상을 밝히는 주역이 되자.

10. 나눔은 생명연장 기술이다. 봉사심과 사랑이 충만한 사람은 30년 더 산다.

11. 봉사는 씨앗이다. 작은 사랑이 자라 큰 열매를 맺는다.

12. 봉사는 기쁨의 샘이다. 창조주가 세상을 만들 때의 기분을 재현한다.

13. 봉사는 천국 여권이다. 살아 있을 때 미리미리 신청하라.

14. 봉사는 든든한 버팀목이다. 힘든 사람의 기둥이 되고 다리가 되라.

15. 봉사는 복 짓기다. 복은 지을 수 있을 때 지어야 한다.

16. 봉사는 업그레이드 쿠폰이다. 기쁨은 나누면 배가 되고 고통
    은 절반이 된다.

17. 봉사는 자신과 조상의 부채 탕감이다. 빚쟁이로 평생을 살지
    말라.

18. 봉사는 창조주의 일을 대행한다. 일 중에서도 가장 값진 일이다.

♣

19. 봉사는 소액 투자로 대주주가 되는 길이다. 개미군단으로 만
    족하지 말라.

20. 봉사는 행복 전달이다. 행복을 안겨주다 보면 어느새 나도 행
    복해진다.

21. 봉사는 하늘의 혈통을 만드는 길이다. 아름다운 혈통을 이어
    가라.

22. 손은 안아주기 위해 있는 것이다. 따뜻하게 감싸줘라.

23. 내가 한 일은 자손에게 상속된다. 경주 최 부자 집이 모델이다.

24. 내가 도울 곳이 있음은 영광이다. 영광의 기회를 놓치지 말라.

25. 기쁨 주면 기쁨이 돌아온다. 같은 속성끼리 끌어당기는 것이다.

26. 봉사를 통해 삶이 완성된다. 미완성 교향악을 연주하지 말라.

27. 위함을 받으려면 먼저 남을 위하라. 그것이 행복 창조 법칙
    이다.

28. 자기가 하는 일은 얼굴에 나타난다. 봉사자의 얼굴에는 평화
    가 깃든다.

29. 누이 좋고 매부 좋은 사회가 1등 사회다. 봉사를 통해 공동승리를 선언하라.

30. 밝은 얼굴, 밝은 미소를 보여라. 그것도 큰 선행이다.

31. 콩 심은 데 콩 나고 팥 심은 데 팥 난다. 좋은 종자를 심어라.

32. 받는 기쁨은 크다. 나누는 기쁨은 더욱 더 크다.

33. 사랑을 주면 사랑이 돌아온다. 봉사는 최고의 선행이다.

34. 봉사는 부모님 마음이다. 아픈 가슴을 매만져주는 것이다.

35. 준 사람은 잊어버린다. 그러나 받은 사람은 영원히 잊지 못한다.

36. 많이 안다고 행복한 것이 아니다. 아낌없이 주는 것이 진정한 행복이다.

37. 돈 세는 즐거움에 집착하지 말라. 나누는 기쁨은 감동과 감격까지 안겨준다.

38. 웅덩이에 고인 물은 썩게 마련이다. 나눔으로 맑은 샘물을 끌어들여라.

♣

39. 욕심은 사망의 길로 인도한다. 나눔으로 새로운 삶의 인도자가 되라.

40. 남을 돕는 사람이 따로 있는 것이 아니다. 도울 수 있을 때 발 벗고 나서라.

41. 봉사를 미루지 말라. 오늘은 나의 시간이지만 내일은 신의 시간이다.

42. 봉사는 불평불만을 없애준다. 그 자리에 소망과 행복을 채워
준다.

43. 소유에 집착하지 말라. 맨손으로 왔으니 맨손으로 떠난다.

44. 남을 배려함이 축복의 출발이다. 그 자리에 사랑의 꽃을 피워라.

45. 봉사는 천운의 기회다. 기쁜 마음으로 천운을 얻어라.

46. 후회 없는 삶을 살려면 봉사하라. 행동의 변화가 운명을 바꿔
놓는다.

47. 십시일반이다. 작은 사랑이 모여 태산을 이룬다.

48. 노벨상보다 더 값진 상은 봉사상이다. 바로 당신도 봉사상 후
보자다.

49. 은행 이자와 하늘세상 이자는 하늘과 땅 차이다. 알고 나서 저
축하라.

50. 지상천국이 천상천국으로 변한다. 천국을 원한다면 나눔에
익숙하라.

| 사랑이 많은 사람이 부자가 된다 |

누가 성공하면 "그 사람은 운이 좋아" 하고 부러움을 금치 못한다. 확실히 운이 좋은 사람이 있다.

그래서 운칠기삼(運七技三)이라는 말도 있다. 성공 요인의 70%가 운이고 능력은 30% 정도 된다는 얘기다. 그래서 게임뿐 아니라 재운(財運)·시험운(試驗運) 등 운이 차지하는 비율이 큰 것이 따로 있다.

집에서는 TV에서 방영되는 퀴즈를 백발백중 맞히던 사람이 막상 출연하면 초반에 탈락하고, 노래방에서는 가수 뺨치게 노래를 잘하는데 오디션에 나가면 한 곡도 제대로 못 부르고 '땡' 하는 경우도 종종 있다.

영국에서는 매년 '가위 바위 보' 대회가 열린다. 광장에 모인 수십만 명 중에서 한 사람이 승자가 되는데, 1등 한 사람에게 비결을 물으니 '자신감'이라고 대답했다. 물론 자신감은 승리의 필수적인 요인이지만 근원적인 것은 따로 있다.

그것은 바로 사랑이다. 인천이 중심이지만 전국에 여러 곳이 있는 가천의대 길병원은 이길녀 씨가 만든 병원으로 의과대학과 경원대학도 같은 재단이다. 국가에서도 경영이 힘든 병원을 길병원에 위탁하면 쓰러져가던 병원이 다시 살아나는 기적을 보여준다. 병원 중에 연수원을 가지고 있는 곳은 찾아보기 힘든데 길병원은 연수원을 운영하고 있다. 사람은 교육을 통해 얼마든지 격상될 수 있음을 알기 때문이다.

길병원 연수원에 여러 차례 특강을 하러 간 일이 있어 이길녀 씨의 과거 얘기를 자연스럽게 들을 수 있었다. 처음에 그녀는 이길녀산부인과를 하며 하루에 150명의 신생아를 받았다고 한다.

"아이에게는 태어나는 순간이 가장 중요합니다. 태어나자마자 아이를 가슴으로 안아 사랑의 고동 소리를 듣게 해주지요. 아이에게 엄마의 사랑을 느끼게 하기 위해서입니다."

사랑에는 메아리의 법칙이 있다. 내가 준 사랑이 몇 배로 증폭되어 돌아온다.

| 평생 친구가 재산이다 |

세상이 아무리 메마르고 각박하다 해도 우정에 꽃이 피면 이 세상은 살 만한 세상이 된다. 나와 생사고락을 함께할 친구가 있다면 지옥도 천국으로 변한다.

'부모 팔아 친구 산다', '친구 따라 강남 간다'는 속담은 우정의 소중함을 일깨워준다. 내가 힘들 때 따뜻한 마음으로 손잡고 위로하며 나를 위해 진심으로 기원하는 친구가 과연 몇이나 되는지 살펴볼 필요가 있다.

진정한 부자는 돈이 많은 사람이 아니라 좋은 친구가 많은 사람이다. 잘나갈 때는 모르지만 좌절과 실패로 실의에 빠져 있을 때 진정한 친구가 눈에 띈다. 좋은 친구를 만드는 비결은 내가 먼저 좋은 친구가 되는 데 있다.

우정 하면 먼저 관중과 포숙아의 '관포지교'를 떠올리지만 우리 주위에서도 그런 우정을 볼 수 있다.

가수들은 함께 노래하다 보면 여러 가지 이유로 충돌이 생기기도 하지만, 상대방을 위하는 마음이 있는 사람은 이해와 용서, 화해로 하나가 된다.

클론의 강원래 씨는 2000년 11월 교통사고로 하반신 마비장애가 오자 삶의 의욕마저 잃고 죽을 기회만 찾았지만, 아내 김송 씨의 정성스러운 간호와 구준엽 씨의 우정으로 힘을 되찾고 장애인 복지를 위해 힘쓰며 자신보다 더 힘든 사람들에게 힘을 실어주고 있다.

강원래 씨의 사고로 혼자 남게 된 구준엽 씨에게 사람들은 솔로로 출발하라고 권유했지만, 그는 방송 출연마저 자제했다. 강원래 씨가 없는 삶은 의미가 없으며, 더욱이 병상에 누워 투병하는 친구를 두고 방송활동하는 것은 도리가 아니라고 생각했기 때문이다.

친구의 재기를 기다리는 그 마음은 그야말로 일각이 여삼추처럼 느껴졌을 것이다.

그러다 마침내 4년 반 만에 클론의 5번째 앨범 〈빅토리〉가 나왔다. 물론 강원래 씨가 휠체어에라도 앉아 움직일 수 있게 되었기 때문이다. 무대에 함께 선 두 사람의 감회는 말할 것도 없고 그걸 지켜보는 사람들 또한 가슴 찡한 감동을 받았다.

특히 강원래 씨가 부인에 대한 고마움을 표현한 타이틀곡 '송이에게'의 뮤직비디오 녹화장은 감동과 감격의 도가니였다. 두 사람은 함께 휠체어를 탄 채 화려한 동작을 선보이는 안무로 눈길을 끌었다.

이런 구상은 아마 세계 최초라는 생각이 드는데, 이들에게는 물을 만
난 물고기처럼 활력이 넘쳤다.

　강원래 씨에게 구준엽이란 친구가 없었다면 이런 감격적인 무대는
연출되지 못했을 것이다. 사람들은 강원래 씨의 극복 의지와 노래,
춤에도 감동하지만 그 배경에 있는 구준엽 씨의 특별한 우정에 더욱
찬사를 보낸다.

　프로는 결코 혼자 만들어지는 게 아니다. 지치고 힘들 때 위로하고
동행해줄 친구가 있다면 그야말로 진정한 프로가 아니겠는가.

| 긍정을 말하자 |

Professional

긍정을 부정하는 것은 산(酸)에 알칼리를 섞는 것과 같아 잠재의식을 활성화시킬 수 없다. 부를 얻으려면 '나는 풍요로워질 권리가 있다' 고 굳게 믿는 것이 필요하다. 돈에 대한 악담과 저주는 절대 금물이다. 돈을 저주하면서 얻고자 하는 것은 큰 잘못이다.

돈처럼 더러운 것도 없다는 가난한 여류작가가 찾아왔다.

"돈은 일의 대가인데 왜 더럽다고 합니까? 그러니까 돈도 피하지요. 작품의 가치에 대한 대가로 돈이 들어온다고 생각해보세요. 부자가 될 겁니다."

돈에 대한 태도가 달라지자 그녀는 이전보다 수입이 몇 배로 늘어났고 멋진 전원주택으로 이사했다.

| 돈 쓸 때와 벌 때를 구분하라 |

수입이 아무리 많아도 지출이 더 많으면 부채도사(負債道士)가 된다. 주변에 자신도 모르는 사이에 부채도사가 되어 사는 사람이 너무나 많다.

방송작가 생활 9년째인 강서재 씨는 얼마 전에 《나는 남자보다 적금통장이 좋다》라는 책을 펴냈는데, 바로 베스트셀러가 되어 방송 출연, 인터뷰 요청이 줄을 잇고 강연 요청도 쇄도하고 있다.

책에는 미혼의 평범한 직장여성인 그녀가 허리띠를 졸라매며 적금을 부어, 1024일 만에 1억 800만 원을 모으기까지 개미처럼 일하며 저축한 이야기가 소개되어 있다.

그녀는 직장생활 5년이 되던 27세 때 기분전환을 위해 미국 여행을 떠나려다 통장 잔고가 700만 원밖에 남지 않은 것을 보고 충격을 받았다. 밀린 카드 빚과 공과금 등을 다 내고 나면 그야말로 빈털터

리가 될 수밖에 없는 상황이었다.

돈에 대한 개념이 없어 카드를 그어대면서도 다음 달 월급이 또 들어오니까 저축할 필요성을 못 느끼다가, 그 일을 계기로 1억 원을 목표로 적금통장을 만들어 당시 월급 220만 원의 70% 정도인 160만 원을 저축하고, 프로그램을 더 맡아 매달 80만 원씩 보탰다.

입는 것, 먹는 것에 대부분 돈을 쓰던 그녀가 우유 하나를 사는 데도 벌벌 떨다 보니 탈모증에 다래끼를 달고 살았다. 그때의 생활에 대해 그녀는 이렇게 말한다.

"젊었을 때는 누구나 뭔가에 치열하게 매달리는데 나는 그 대상이 돈 모으기였을 뿐이다. 어릴 때는 부자 남편 만나서 잘살아보겠다는 허황된 꿈도 꿨지만 돈 모으기에 빠졌던 지난 3년 동안 내 힘으로 모은 재산의 귀중함을 깨닫게 되었다."

'1억 모으기'를 시작한 지 2년째 되던 해에 목표를 달성하면 자신의 경험담을 책으로 써내고 싶다는 생각을 했고, 1년 뒤 자신의 이야기를 적은 원고를 무작정 출판사 여기저기에 보냈다.

"제 경험이 너무나도 소중했기 때문에 뭔가 결과물을 남기고 싶었어요. 제가 음악가였다면 곡을 만들었을 테고, 화가였다면 그림을 그렸겠죠. 저는 작가였기 때문에 글을 썼어요. 세상에 승부수를 띄우는 심정이었는데 여기저기서 서로 출판하겠다고 하더라고요."

지금은 그 시절처럼 아득바득 살지는 않는다. 다시 사람들을 많이 만나고 집안 대소사도 적극적으로 챙기지만 소득의 60%는 항상 저축하고 있다.

광주가 고향인 강서재 씨는 경기도 일산의 원룸에서 전세를 얻어 혼자 살고 있는데 집을 사는 것이 목표다.

돈을 벌어 쓰기로 따지자면 한도 끝도 없다. 버는 것은 그만큼 노력이 필요하지만 쓰는 일처럼 쉬운 게 없다. 집 밖에 나가는 순간부터 세상은 모두 지갑을 열라고 외치는 것 같다.

그러나 일이 언제까지나 있는 것도 아니고 건강이 언제 어떻게 될지 모른다. 미래를 준비해두지 않으면 초라한 두 손을 누군가에게 내밀어야 한다.

그렇다고 지갑을 꽁꽁 잠근 채 한 푼도 쓰지 않다가는 통장 잔고는 늘어날지 몰라도 사람들은 모두 떠난다. 그래서 돈을 쓰는 것에도 지혜가 필요하다. 사람을 잃는 것은 돈을 잃는 것보다 더 나쁜 일이다.

돈을 어떻게 벌고 어떻게 모을 것인지, 어느 때 그 돈을 쓸 것인지 현명하게 판단해야 한다. 프로는 돈을 벌고 쓰는 일에도 프로답게 현명한 사람이다.

부자는 어쩌다 되거나 운이 좋아 된 것이 아니다. 부자가 되려면 부자를 멘토로 삼아 그들이 살아가는 방법과 습성을 내 것으로 만드는 것이 필요하다.

1위 빌 게이츠 – "다른 사람의 좋은 습관을 내 습관으로 만들어라."

습관이 운명을 만든다. 다른 사람의 좋은 습관을 내 것으로 만들면 내가 변하고 세상이 변한다. 방향을 새롭게 창조한다. 그뿐 아니라 누구에게나 배울 점이 있어, 자신의 라이벌이라 할지라도 그 사람의 좋은 점을 꼭 본받아야 한다.

그는 일반 사람보다 독서량이 5배가 넘는다. 투자로만 부자가 된 세계 부자 랭킹 2위인 워런 버핏은 아침에 직장에 나가서 앉자마자 독서를 하고 8시간 통화를 한 뒤 집에 가서 잠들 때까지 독서를 한다. 그의 독서 습관이 생각의 폭과 지혜를 넓히는 것이다.

세계적인 커피 전문점 스타벅스의 경영자 하워드 슐츠가 중시했던 것은 인간 중심의 경영이다. 세상에는 같은 사람이 없어 다양한 사람을 접하며 자기 세계를 만들어갔다. 그는 매일 다른 사람과 점심식사를 하는 습성을 통해 인간 중심의 경영철학을 깨우친 것이다.

부정적인 사람은 해보지도 않고 지레짐작으로 "안 됩니다. 될 수 없는 일입니다" 하며 부정적인 말을 한다. 그러면 바로 질문하는 말이 "해보기나 했어?"다. 대부분 해보지도 않고 안 된다고 부정적인 말을 하기 때문이다. 정주영 회장은 끊임없이 도전하고 또 도전하며 끝내는 성취했다.

5위 오프라 윈프리 – "쉽게 포용하라."

여기서 나오는 포용은 정서적 커뮤니케이션으로 그녀는 누구와도 쉽게 하나가 된다. 자기 자신의 단점을 숨기지 않고 솔직하게 말함으로써 대인관계의 벽을 허문다. 나를 싫어하고 미워하는 사람이라도 만나서 애기를 하고 편지를 쓰라고 권한다.

이상헌의 행복한 부자 되는 50가지 방법

세상 돈이 모두 자기 것이라고 해도 행복이 없다면 진정한 부자가 아니다. 많은 사람이 돈만 있으면 행복할 것이라고 생각하지만 천만의 말씀이다. 돈이 없어 불행한 사람도 있지만 많은 돈을 가지고도 불행이 끊이지 않는 사람도 있어 행복한 부자만이 진정한 부자다.

01. 웃음꽃을 피워라. 웃음은 만복을 끌어들이는 초강력 에너지다.

02. 부자가 된 것을 마음속에 영상화하라. 찍은 것만 현실로 나타난다.

03. 열정에 불을 붙여라. 돈도 여자도 뜨거운 것을 좋아한다.

04. 경제 전문가가 되라. 프로가 되지 못하면 포로가 되어버린다.

05. 좋은 인맥은 하루아침에 만들어지지 않는다. 사람들을 조상
처럼 모셔라.

06. 부자가 되려면 부자 줄에 서라. 부자의 기를 공유하면 어느새
부자가 된다.

♣

07. 지갑은 돈이 사는 아파트다. 최고의 아파트에 입주시켜 돈을
기쁘게 하라.

08. 돈의 심리를 꿰뚫어라. 돈 버는 데도 타짜의 기술이 필요하다.

09. 머리만 굴리지 말라. 돈도 쉬지 말고 굴려야 한다.

10. 종잣돈을 활용하라. 종잣돈은 놀라운 힘을 가진 돈이다.

11. 긍정적이고 낙천적으로 살아가라. 돈도 편한 사람을 좋아한다.

12. 꼭 써야 할 데는 빌려서라도 쓰면 쉽게 들어온다. 그것이 '마
중물 효과'다.

13. 돈이 많을 때는 겸손하고 없을 때는 당당하라. 그래야 돈도 믿
고 따른다.

14. 아낌없이 베풀어야 큰 부자가 된다. 빌 게이츠를 보라.

15. 좋은 아이디어는 도깨비 방망이다. 아이디어를 활용하라.

16. 과거에 집착하지 말라. 어제는 어제, 오늘은 오늘이다.

17. 부모는 어디에 계시든 최고의 수호신이다. 수호신을 기쁘게
하라.

18. 동물적인 감각을 길러라. 동물적인 감각이 부자를 만든다.

19. 약속은 하늘의 명령이다. 목숨 걸고 지켜라.

20. 미래를 내다보는 지혜를 가져라. 지혜 있는 자가 세계를 지배한다.

21. 값진 곳에 돈을 써라. 아무 데나 쓰면 돈도 도망친다.

22. 돈 버는 약은 절약이다. 근검절약을 실천하라.

23. 시간을 철저히 관리하라. 부채도 되고 자산도 되는 것이 시간이다.

24. 꼭 써야 할 때는 아낌없이 써라. 안 써도 좋을 때는 구두쇠가 되라.

25. 남과 같이 해서는 남을 앞지르지 못한다. 한 차원 넘어서라.

26. 주먹구구로 성공할 수는 없다. 자산문제는 전문가와 상담하라.

27. 부정적인 사람과 만나면 바로 오염된다. 이들을 경계하라.

28. '못 먹어도 고~' 소리는 하지 말라. 돈 버는 것은 요행이 아니라 과학이다.

♣

29. 티끌도 모으면 태산이 된다. 푼돈도 우습게 보지 말라.

30. 길흉화복은 말이 만든다. 불조심보다 말조심을 먼저 하라.

31. 공은 날아오는 순간 때려야 홈런이 나온다. 지난 다음 후회하지 말라.

32. 힘들 때 감사하라. 겨울이 추우면 봄에 더 많은 과일이 열린다.

33. 오로지 한 길만 바라보라. 두리번거리다 제 발에 걸려 넘어진다.

34. 죽는 소리를 하지 말라. 죽는 소리 하고 살아나온 사람은 없다.

♣

35. 중심을 잡고 행동하라. 중심을 잃으면 죽도 밥도 안 된다.

36. 신체, 의복, 주거를 깨끗이 하라. 깨끗한 곳에 재물이 모인다.

37. 건강에 유의하라. 몸과 마음이 건강해야 돈도 따르는 법이다.

38. 돈이 가는 길목을 지켜라. 돈이나 사람이나 가는 길이 따로 있다.

39. 돈이 많아도 만족이 없으면 거지와 같다. 만족할 줄 알라.

40. 즐기면서 돈을 모아라. 돈 모으는 것도 알고 보면 게임이다.

41. 흔들리지 말라. 중심을 잡으면 태풍 속에서도 안전하다.

42. 하늘은 스스로 돕는 자를 돕는다. 하늘이 돕는 자가 되라.

43. 사람을 아끼고 사랑하라. 돈이 재산이 아니라 사람이 재산 이다.

44. 돈을 움직이는 주인이 되라. 돈에 끌려다니는 노예가 되지 말라.

45. 자산관리표를 작성하라. 그래야 돈을 효율적으로 활용할 수 있다.

46. 큰 방죽도 개미구멍에 때문에 무너진다. 새는 구멍을 잘 막아라.

47. 넘어졌다고 실패가 아니다. 일어나지 않는 사람만이 실패자

가 된다.

48. 돈과 여자와 개는 속성이 같다. 쫓아가면 도망가고 기다리면
돌아온다.

49. 기쁨과 감사로 경영하라. 기쁨과 감사는 행운의 길잡이다.

50. 혼자 경영하지 말라. 창조주와 함께 동업하라.

8장

시간은
생명이다

시간은 유한한데도 무한하다는 착각 속에 살아간다. 누구에게나 하루는 24시간 1440분이 주어지지만 자신에게 주어진 시간이 다하면 이 세상을 떠나게 된다. 돈은 잃어도 다시 만들 수 있지만 잃어버린 시간은 돌이킬 수 없다. 그런데 돈 아끼는 사람은 있어도 시간 아끼는 사람은 보기 힘들다.

오늘

어제는 이미 과거 속에 묻혀 있고
미래는 아직 오지 않은 날이라네
우리가 살고 있는 날은 바로 오늘
우리가 사용할 수 있는 날은 오늘
우리가 소유할 수 있는 날은 오늘뿐
오늘을 사랑하라
오늘에 정성을 쏟아라
오늘 만나는 사람을 따뜻하게 대하라
오늘은 영원 속의 오늘
오늘처럼 중요한 날도 없다

오늘처럼 소중한 시간도 없다

오늘을 사랑하라

어제의 미련을 버려라

오지도 않은 내일을 걱정하지 말라

우리의 삶은 어제의 연속이다

오늘이 30번 모여 한 달이 되고

오늘이 365번 모여 1년이 되고

오늘이 3만 번 모여 일생이 된다.

-토머스 칼라일

우리는 무엇을 할 때 종종 '새털처럼 시간이 많은데 내일 하지' 하고 미루는 습관이 있다. 그러나 오늘의 시간과 내일의 시간은 같은 24시간이라도 전혀 다른 시간이다.

돈은 두었다가 쓸 수도 있고, 잃어도 다시 찾을 수 있지만 오늘의 이 시간만큼은 이 순간 제대로 사용하지 않으면 무용지물이 되고 만다.

야구공이 날아오는 순간에 쳐야만 안타가 되는 것과 다를 게 없다.

내가 가장 싫어하는 노래가 '노세, 노세, 젊어서 노세'다. 어떤 과자 선전에 이 노래를 배경음악으로 사용한 일이 있는데, 나는 한때 그 제품 불매운동을 한 일이 있다.

시간은 생명인데 젊은이의 생명을 소모시키는 노래는 추방되어야 하며, 오늘 하루를 값지게 써야 한다는 생각에는 변함이 없다.

토머스 칼라일의 시 〈오늘〉을 내가 쓴 100권째 책인《이상헌의 119 성공구조대》에 인용한 적이 있다.

보면 볼수록 고개가 절로 숙여지는 교훈적인 시다. 암보다 더 무서운 병은 '내일 하지', '내년에 하지' 하고 미루는 병이다. 암은 조기에 발견하면 치유할 수 있지만 미루면 쉽게 고치기 힘들기 때문이다.

나에게 주어진 시간을 헛되게 낭비하지 말라. 시간 경영이 곧 나의 경영이고, 시간 경영에 성공한 사람이 세계를 경영한다.

| 오늘이 내 생일이다 |

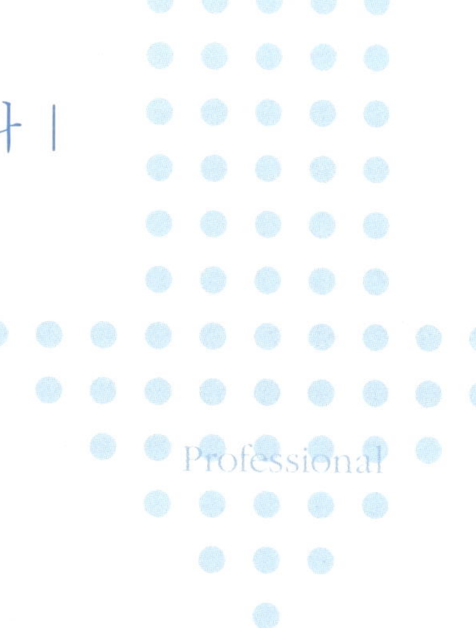

나는 '노세 노세 젊어서 노세'를 부르는 친구들을 불쌍히 생각한다. 시간은 생명이기 때문이다. 야구에서 타자가 공을 때리고 1루로 뛸 때 세이브냐 아웃이냐는 불과 10cm 안팎으로 결정된다. 이 정도라면 0.0001초도 안 되는 시간에 뛰는 거리다.

고승덕 의원은 고시 3관왕이다. 서울대학교 재학 중에 행정·사법·외무고시에 모두 합격했다. 그는 밥 먹는 시간을 절약하기 위해 갖가지 반찬을 잘게 잘라 밥에 넣고 비빔밥을 만들어 먹었는데 입에 넣고 씹는 횟수까지 계산했다. 시험에서는 1분 1초가 새롭기 때문이다.

시간절약 하면 떠오르는 곳이 있다. 독일의 유명한 이발소에서는 머리 깎는 데 3분, 면도 3분, 세발 3분이면 끝나는데 값은 다른 곳에 비해 다섯 배가 비싸다.

서울에서 부산 가는 교통편은 비행기, KTX, 고속버스 등 여러 가지가 있지만 여기서도 시간을 얼마나 절약해주느냐에 따라 운임이 결정된다.

세계 역사상 전시에 피란 가서 학교를 운영한 나라는 우리나라밖에 없다. 그만큼 우리의 학구열은 알아줘야 한다. 한국전쟁 중에 부산에 피란 온 학생들을 모아 천막학교를 운영했는데 공부하는 학생들은 시간을 1분 1초도 허비할 수 없다는 생각 때문이었다. 뙤약볕이나 비는 막을 수 있었지만 책상도 없이 흙바닥에 앉아 수업을 받는 장면이 외신을 타고 세계로 타전되자 우리나라를 희망의 나라로 새롭게 보았다.

서울대 천막학교의 변영로 시인이 '오늘이 내 생일이다' 하며 학생들을 번갈아 찾아가 식사 대접을 받는다는 소문을 듣고 학생회장이 항의를 했다.

"모두 힘든데 왜 교수님은 날마다 생일이라며 접대를 받습니까?"

"내가 뭘 잘못했나? 살아 있는 날은 생일이고 죽은 날은 제삿날이지."

삶의 시간이 얼마나 소중한가를 일깨워주기 위한 깊은 뜻이 있었던 것이다. 변영로 선생의 시 〈논개〉는 중학교 국어 교과서에 실려 있어 지금도 입에 맴돈다.

| 시간은 생명이다 |

　시간은 유한한데도 무한하다는 착각 속에 살아간다. 누구에게나 하루는 24시간 1440분이 주어지지만 자기에게 주어진 시간이 다하면 이 세상을 떠나게 된다. 돈은 잃어도 다시 만들 수 있지만 잃어버린 시간은 돌이킬 수 없다. 그런데 돈 아끼는 사람은 있어도 시간 아끼는 사람은 보기 힘들다.

　마라톤 선수는 뛰면서 수시로 시계를 들여다본다. 지금이 몇 시인지 궁금해서가 아니라 자기가 뛴 거리와 시간을 계산하며 속도를 조절하기 위해서다. 우리의 삶에도 이런 것이 필요하다. 그러나 대부분 오늘 못 하면 내일 하고 내일 못 하면 모레 한다고 생각한다. 하지만 오늘과 내일은 같은 계좌에 속하는 것이 아니고 오늘은 오늘에 한해 생명력이 있는 것이다.

　기독교에서는 모두 죄인이라며 속죄로 사함을 받아야 한다고 하고,

불교에서도 업보를 멸하기 위해 참회를 하라고 한다. 어느 종교나 죄업을 참회하고 선업을 쌓으라고 하는데 많은 죄 중에서 어느 죄가 가장 무거울까?

영화 〈빠삐용(Papillon)〉에서 주인공인 '앙리 살리엘'은 젊은 시절 나쁜 짓을 일삼다가 살인 혐의로 투옥돼 악명 높은 남미 기아나 감옥에 보내지지만 10여 차례나 탈옥을 시도하다 실패한다. 결국 무인도로 보내진 그는 또 탈옥을 시도하다 잡혀 춥고 어두운 독방에 갇혀 절망과 피곤에 지쳐 잠이 들었다. 꿈에 그는 얼음장 같은 표정의 재판장 앞에 서게 된다.

"재판장님, 저는 사람을 죽이지 않았다는 걸 아시지 않습니까?"

"그러나 너에게는 결코 용서받을 수 없는 죄가 있다."

"죄라니? 무슨 죄입니까?"

"인생을 낭비한 죄니라."

"인생을 낭비한 죄요? 아, 그렇군요. 유죄, 유죄군요."

"너는 사형이다."

누구나 소비적으로 살거나 생산적으로 살거나 둘 중 하나지만 소비적 시간을 사는 사람은 생의 목적이 분명하지 않은 사람이어서 그저 시간만 때우며 살아간다. 바람 부는 대로, 물결치는 대로 계획 없이 사는 인생은 낭비되는 삶이다.

'오늘의 시간은 미래를 위한 투자'라는 생각으로 사는 사람은 목적과 비전(vision)이 분명하기에 이를 성취하기 위해 값진 땀을 흘리며 현재를 채운다.

| 모기와 하루살이의 대화 |

모기와 하루살이가 아침부터 저녁까지 놀다가 모기가 말했다.

"이제 늦었으니 그만 놀고 내일 놀자."

하루살이는 고개를 갸웃거리다 물었다.

"내일이 뭐야?"

하루살이에게는 오늘만 있어 내일을 알기 힘든 일이다. 그러나 우리가 알아야 할 것은 오늘은 오늘로 끝난다는 사실이다. 한강물도 퍼서 쓰다 보면 바닥이 나게 마련인데 시간은 말할 나위가 없다.

구한말 고종임금 시절 집안 어른 중에 한 분이 승지(지금 청와대 비서)였는데 미국에 유학을 다녀와 입궐하여 임금께 인사를 드렸더니 "내일 아침 어전 회의에 필히 참석토록 하라"는 어명을 받고 돌아왔다. 그 다음 날은 인사이동이 결정되는 날이었기에 임금이 거는 기대도 만만치 않았다. 이 어른은 기분이 좋아 가까운 분들과 술을 거나하게 마시고 잠을 잤는데 피로에 과음이 겹쳐 가까스로 깨어나 보니 점심이 지나서였다. 결국 그 바람에 좋은 자리도 물 건너가버린 것이다.

삼성카드의 위수복 상무는 입사하여 지금까지 한 번도 지각을 한 일이 없다. 20년 넘게 지각 한 번도 안 했다는 것은 20년 무사고 택시 운전기사 이상으로 대단한 것이다. 차가 고장나거나 폭설로 도로가 마비되는 경우도 생기기 때문이다.

그는 회사 정문을 1분이라도 늦게 통과하면 그날은 집으로 돌아간다. 물론 변명할 여지는 있지만 구차하게 변명하지 않고 결근해버린다. 시간약속이란 그렇게 중요한 것이다.

시간관념이 그렇게 만들어진 것은 대학 시절이다. 새벽같이 도서관에 가서 공부를 하는데 버스 타고 가면 이미 다른 학생이 자리를 차지해 공부를 할 수 없자 컴컴한 새벽에 어둠을 뚫고 삼청동에서 고려대까지 이봉주 선수처럼 달렸다. 그러다 보니 언제나 1등으로 도착해 오히려 고대 근처에 있는 친구를 깨워 교문을 통과했을 정도다.

선정중학교의 석동원 선생님은 수업 종이 울리기 전에 미리 교실로 가 있다가 종이 울리면 바로 수업을 시작한다. 대부분의 아이들은 종이 쳐도 아랑곳하지 않고 밖에서 떠들고 왔다갔다 장난을 치고 수업할 준비가 전혀 되어 있지 않다. 분위기 정리하고 출석을 부르는 데 10분은 걸리고, 그러면 정해진 시간 내에 목표한 수업량을 다 끝내지 못한 채 진도가 밀린다. 선생님은 아이들이 떠들어서 진도를 많이 못 나갔다며 다음 시간에 하자고 하지만, 사실 선생님이 조금 일찍 들어와 있으면 아이들도 마냥 떠들지 않고 미리 책도 꺼내놓고 자리에 앉아 있다.

유럽과 미국의 수많은 무대에서 뛰어난 실력을 인정받은 세계적인 연주자 권혁주 씨는 젊은 나이에 안양대학교 음대 교수로 임명되어 눈코 뜰 새 없이 바쁜 나날을 보내고 있다. 한 학생이 그에게 '어떻게 그렇게 많은 스케줄을 소화할 수 있냐'고 묻자 '10분 미리 살기'가 비결이라고 했다.

"유학 시절엔 레슨 때 정장을 입지 않으면 교실에 들어갈 수 없었고, 30분 일찍 복도에 가서 손을 풀고 있지 않으면 아예 수업에서 제명되다 보니 모든 약속을 미리미리 챙기는 게 습관이 되었지요. 그래서 시계도 5분 앞당겨놓았습니다. 그만큼 프로의 세계에서 약속 엄수는 기본 중의 기본이죠. 저는 연주회 리허설이든 사람과의 약속이든 뭐든지 최소한 10분 미리 도착해 조급함을 없애고 마음을 차분하게 만듭니다. 연주 자체도 엄청난 에너지가 소모되는데, 스케줄에 쫓기거나 불안해하면 육체적으로나 정신적으로 견디지 못하니까요."

성공자는 시간에 쫓기는 도망자가 아니라 시간을 쫓아가는 추격자다.

셰익스피어의 말에 귀 기울여보자.

"1분 늦는 것보다 3시간 일찍 가는 것이 훨씬 낫다."

| 약속 이야기 |

우리나라가 무역왕국으로 등극한 것은 섬유업종이 효시다. 그 대표적인 기업이 (주)대우다. 김우중 씨는 큰 섬유회사 무역부장으로 실력을 쌓아 독립을 하고 그동안 거래했던 바이어들에게 개업을 알렸지만 한 회사에서만 적은 물량을 주문했다. 신용이 쌓이지 않아 미미한 수량만 의례적으로 주문한 것이다.

주문받은 물건을 정성껏 만들어 포장하기 전날, 장마 때문에 제품들이 완전히 침수되어 하나도 못 쓰게 되었다. 그러나 약속을 지키기 위해 이 회사는 다른 공장을 빌려서 새로 물건을 만들고 기한을 지키기 위해 비행기에 실어 납기일을 정확히 맞췄다. 차라리 포기하는 것이 이익이지만 약속을 지키기 위해 큰 손실을 감수한 김 대표의 진실성을 크게 평가하여 전폭적으로 지원해주었고, 그것이 대기업으로 성장한 기폭제가 되었다.

수도요리학원 하숙정 원장이 삼일빌딩 지하에 분식점을 내려는데 이름을 지어달라고 부탁을 해 지어준 이름이 '약속'이다. 그 시절만 해도 시간에 대한 관념이 희박해 "언제 만날까?" 하면 "한 두서너시쯤?"이라는 표현을 쓸 정도였다. 그래서 외국인들에게 코리안 타임이라고 손가락질당하기도 했다.

'약속'이라는 상호는 상당히 호응도가 높아 성공했고, 그 후 1년 사이에 서울 시내에 '약속'이라는 이름의 다방이 850개나 생겼다. 나는 누가 만나자고 하면 분 단위로 약속한다. 1시라고 하면 10~20분 정도 늦는 사람이 있지만 '12시 55분'이라고 약속하면 너나없이 정확히 약속을 지킨다.

양원주부학교 이선재 교장은 하루의 스케줄표를 프린트하여 가지고 다니는데 하루에 평균 10~15개 이상의 스케줄을 소화한다. 특히 결혼 시즌에는 같은 시간대에도 몇 개씩 잡히지만 그래도 거의 직접 참가한다. 첫 번째 방문은 예식 30분 전에 도착하여 인사를 나누고 봉투를 전달하고 나와 다음 장소로 이동하면 예식 시작 직전이다. 여기서도 인사를 나누고 다음 장소로 가면 예식이 끝나는 시간이지만 그래도 만나 축복을 해줄 수 있다.

유능한 디자이너는 재단할 때 거의 자투리를 남기지 않는다. 자투리가 많아지면 그 낭비도 상상을 초월한다. 선무당이 사람 잡는다고 재단에 서툰 초보자가 많은 자투리를 남기는 것이다.

누구에게나 하루 24시간이 주어지는데 이것을 빈틈없이 활용하는 사람이 있는가 하면 한 번도 써보지 못한 채 반납하고 마는 사람도 있다. 성공과 실패는 그 차이다. 가장 큰 자산은 뭐니 뭐니 해도 시간자산이다.

작은 일에 주의를 기울이지 않는 사람은 결코 크게 될 수 없다. 모든 사물은 현미경으로 보지 않으면 알 수 없는 미세한 분자에서 시작되는데, 우수한 성능을 자랑하는 손목시계도 작은 먼지 때문에 멈추고 아름다운 눈에 작은 티끌이라도 들어가면 갑갑해서 참을 수 없어진다. 보이지 않는 작은 것도 결코 작은 것이 아니다. 방송 중 5초만 중단돼도 '방송사고'로 간주한다.

"작은 일에 충실한 자는 큰일에도 충실하다"는 예수가 한 말이다.

| 시간을 저축해주는 은행은 없다 |

지금 이 순간에도 흘러가는 것이 시간이다. 시간은 빌릴 수도 없고 빌려줄 수도 없으며 저축은 더더욱 할 수 없는 것이니, 주어진 시간을 어떻게 활용하느냐에 따라 운명이 결정된다. 시간은 누구에게나 공평하게 분배된 자산이기 때문에 어떻게 활용할 것인가가 무엇보다 중요하다. 원자재만으로 제품이 만들어지는 것은 아니다. 시간은 순간의 연속이기 때문에 그 순간 활용하지 않으면 영원히 분실물이 되어버린다.

시한부 인생을 사는 사람일수록 그 짧은 시간에 오히려 많은 일을 하고 가는 것을 볼 수 있다. 그들은 자신에게 할당된 시간을 알기 때문에 최선을 다해 움직이는 것이다. 무슨 일이든지 언제까지 하겠다고 종료시점을 정해놓는 것은 바람직한 일이다.

대부분의 사람은 마감시간이 가까워올 때 가장 열심히 일하는 것을 볼 수 있다. 하루하루 마감시간을 사는 것처럼 자신의 삶의 마감시간을 성실히 보내는 것이 남보다 소중한 삶을 사는 계기가 된다.

가계부를 쓰면 쓰지 않는 것보다 훨씬 경제적인 생활을 할 수 있다. 요즘 같은 적자 가계에서 무엇을 쓰겠느냐고 말하지만 기록을 하면 예산을 정확하게 짤 수 있다.

우리의 행동도 자신이 세운 계획이란 이름의 예산에 의해 만들어진다. 때문에 항상 자신을 점검하고, 자신의 인생 가계부를 활용하는 사람에게만 성공이라는 선물도 주어진다.

학교에서 시간표대로 수업을 하는 것처럼 자신의 삶도 구체적인 시간표를 만들어 사용해보면 하루하루 삶의 내용이 달라진다. 나는 5년 단위로 시간표를 만들어 지금까지 그대로 살아오고 있다. 아침에 기상하면 거울에 비친 사람에게 칭찬과 격려하기, 저녁에 자기 전에 그날 있었던 일 중에 좋았던 것만 기록하는 '행복일기'는 50년 넘게 하고 있다.

바람 부는 대로, 물결치는 대로 살다 보면 한 번뿐인 인생을 그르치게 된다.

| 일등과 이등의 차이 |

선거에서 불과 몇 표 안 되는 근소한 차이로 일등과 이등이 결정되는데 일등은 당선, 이등은 낙선이다. 작은 차이가 성공과 실패를 갈라놓는 것은 시험이나 선거만이 아니다. 방송국에서 두각을 나타내는 프로듀서 K씨는 매일 밤 12시까지 책과 씨름하고 아침 6시에 일어나 그날 프로그램에 대해 구상한다. 그는 이렇게 말한다.

"빠르게 변화하는 시대에 공부하지 않으면 낙오자가 됩니다. 남을 앞지르기 위해 공부하는 것이 아니라 낙오자가 되지 않기 위해 공부하는 거지요."

똑같은 시간 위를 달려가는 인생이지만 출발시간을 아는 사람에게만 결승점이 가까이 있다. 시간이란 흐르는 물처럼 잡을 수 없는 것이라서 그 순간에 적극적으로 활용하지 않으면 영영 돌아오지 않는다. 적극적인 행동만이 시간을 저축하는 것이다.

하루 24시간을 분으로 환산하면 1440분이다. 더도 말고 이 시간의 1%, 즉 14분만 어떤 일에든 가치 있게 써보자. 영어를 공부하고 싶은 사람은 영어를, 건강이 안 좋은 사람은 체조를 하는 식으로 값지게 쓰면 자신의 인생의 저금통장이 더욱 풍요로워질 것이다.

냉면집에서 주문하면 종업원은 주방을 향해 소리친다.

"비냉 둘, 물냉 하나, 합이 셋!"

비빔냉면이 두 그릇이고, 물냉면이 하나, 합해서 세 그릇이라는 얘기다. 길게 얘기하다 보면 시간이 아무리 많아도 일에 차질이 생기게 마련이어서 그들은 언어를 압축해서 사용하는 법을 배운 것이다.

요즘 방송 프로도 대부분 짧게 압축하여 사용한다. 〈나는 가수다〉는 '나가수'로 〈위대한 탄생〉은 '위탄'으로 사용하고 〈해를 품은 달〉이 '해품달'로 변한다. 〈그들이 사는 세상〉을 '그사세', 〈일요일 일요일 밤에〉가 '일밤'으로 압축되어 사용되어 외계어처럼 들릴지 모르지만 세상이 빠르게 돌아가니 말도 짧아지는 것이다.

옛날 어떤 임금님이 '인생이란 무엇인가'를 책으로 펴내라고 명하자 300명의 학자가 10년에 걸쳐 500권의 책을 만들어 바쳤다. 그러나 통치에 바쁜 왕은 그것을 다 읽을 수 없어 다시 줄여서 펴내라고 했다. 다시 5년 동안 50권으로 줄였지만 도저히 읽을 수가 없어 1권으로 만들게 했다.

다시 5년이란 시간이 흘러 1권으로 만들었지만 왕은 병들고 노쇠하여 그것마저 읽을 수 없게 되었다. 그는 죽어가면서 학자들에게 말했다.

"짐은 이제 가노라. 그런데 인생이 무엇인지도 알지 못하고 가는 것이 심히 유감스럽구나."

이때 나이 든 정승이 귀에 대고 말했다.

"폐하, 사람은 태어나 자라나 장성하여 시집 장가가고 일하다 늙어 죽는 것이 인생인가 합니다."

왕은 알 듯 모를 듯한 미소를 지으며 숨을 거두었다. 우리가 사용하는 말도 정제해야 한다. 교장 훈시를 들으면 곧 끝날 것 같으면서도 끝이 나지 않는다.

"끝으로⋯⋯" 해서 금방 끝날 줄 알았는데 장황하게 이어가다 "마지막으로⋯⋯" 하면서 중언부언한다. 우리에게는 핵심을 찌르는 요점을 찾는 지혜가 필요하다. 학생도 요점을 잘 찾아 풀어나가는 사람이 우수한 인재로 변한다.

이상헌의 시간을 값지게 쓰는 50가지 방법

누구에게나 하루 24시간 1440분이 주어지지만 주어진 순간의 씀씀이에 따라 흑자인생 적자인생으로 갈라진다. 금쪽같이 사용하라.

01. 웃으며 깨어나라. 행복한 아침이 신나는 하루를 보증한다.

02. 계획을 세워 살아가라. 무계획처럼 무모한 일도 없다.

03. 한강물도 퍼서 쓰면 줄어든다. 돈 절약보다 시간 절약이 우선이다.

04. 스피드를 조절하면 남보다 빨라진다. 스피드의 달인이 되라.

05. 능력을 향상시켜라. 남보다 몇 배의 힘을 발휘한다.

06. 약속을 생명처럼 지켜라. 약속 어김은 부도수표 발행과 같다.

07. 시간을 값진 곳에 써라. 그래야 값진 미래가 펼쳐진다.

08. 공은 날아오는 순간에 때려야 홈런이 나온다. 적시타를 쳐라.

09. 때가 오기를 기다리지 말라. 기다릴 시간에 찾아가라.

♣

10. 주어진 시간을 최고가로 만들라. 어느새 정상에 우뚝 선다.

11. 재미있게 일하라. 10배 능력도 가능하다.

12. 좋은 친구는 우량 주식이다. 하루 3명씩 사귀면 1년에 1000명이 된다.

13. 해가 되는 친구는 독약보다 위험하다. 빨리 정리하라.

14. 자투리 시간을 활용하라. 티끌 모아 태산이다.

15. 달력 보며 빨간 날짜 세지 말라. 죽으면 영원히 쉬는 날이다.

16. 인생길에는 전진만 존재한다. 결코 뒤돌아보지 말라.

17. 사랑 시간을 늘리면 미움 시간은 줄어든다. 아름답게 장식하라.

18. 걱정하지 말라. 걱정거리가 있으면 기쁠거리도 있다.

19. 그날이 그날이면 퇴보가 분명하다. 하루하루를 상향조정하라.

20. 시간 활용은 마음먹기 나름이다. 똑같은 24시간으로 어떤 이는 성공자, 어떤 이는 실패자의 인생을 산다.

21. 과거에 집착하지 말라. 과거는 과거 속에 묻어버려라.

22. 즐겁게 일하라. 일이 즐거우면 인생은 천국이다.

23. 자기 페이스에 맞게 움직여라. 무리하면 무리수가 따른다.

24. 돌다리만 두드리지 말라. 우물쭈물하다 좋은 시절 다 간다.

25. 안 될 이유를 내세우지 말라. 될 이유만 내세워라.

26. '노세 노세 젊어서 노세'를 부르지 말라. '아침 해가 떴습니다'를 불러라.

27. 하늘은 스스로 돕는 자를 돕는다. 하늘이 좋아하는 사람이 되라.

28. 생각하고 일하고 일한 다음 생각하라. 생각의 힘이 기적을 만든다.

29. 잠에서 깨어나라. 나간 사람 몫은 있어도 잠든 사람 몫은 없다.

30. 노느니 염불하라. 무위도식은 죄 중에 가장 큰 죄다.

31. 티끌 모아 태산이다. 분초를 아껴 써라.

32. 꿈을 잃지 말라. 꿈은 미래의 청사진이다.

33. 떡 본 김에 제사지내라. 무수한 찬스가 덤으로 생겨난다.

34. 감사의 말을 사용하라. 모든 것이 감사할 일로 변한다.

35. 좋은 책을 손에 들고 살아라. 나폴레옹도 말 위에서 책을 읽었다.

36. 끊임없이 시간을 창조하라. 위대한 인간으로 거듭난다.

37. 돈이 재산이 아니라 사람이 재산이다. 돈돈 하지 말라.

38. 어제는 폐기된 수표, 내일은 미발행 수표, 오늘만이 확실한 현찰이다.

39. 돈은 잃어도 회수된다. 그러나 잃어버린 시간은 회수할 수 없다.

♣

40. 태산이 높아도 하늘 아래 존재한다. 뫼만 높다는 망발을 하지 말라.

41. 남보다 한 발만 앞서라. 한 발짝 차이가 승부를 결정한다.

42. '못 먹어도 고~'는 위험천만이다. 먹을 것인지 아닌 것인지 분명

하게 가려라.

43. 낭비하는 시간 리스트를 작성하라. 무언가 깨닫는 것이 있다.

44. '짜증은 내어서 무엇하나' 옛 노래를 들으며 반성하라.

45. 습관을 고치면 운명도 변한다. 악습과 결별하라.

46. 인생은 고해가 아니라 즐거운 항해다. 기쁨으로 살아가라.

47. 살아서 천국의 삶을 누려라. 그래야 저 나라 가서도 천국이다.

48. 오늘 일을 내일로 미루지 말라. 오늘은 오늘에 한해 유효하다.

49. 자기 전에 하루를 결산하라. 그래야 흑자인생이 만들어진다.

50. 평생 같은 날은 하루도 없다. 주어진 날을 첫날처럼 살아가라.

9장

상상의
놀라운 힘

실패자는 실패의 이미지를 머릿속에 온통 그려 넣은 사람들로 잠재의식은 그것을 그대로 받아들여 실현시킨다. 문제는 실패라는 사실에 있는 것이 아니라 실패를 느꼈을 때 어떻게 하느냐에 달려 있다. 노력 자체가 성공으로 가는 길은 아니어서 실패를 딛고 일어나 나아가는 것이 중요하다.

| 정상은 저절로 만들어지지 않는다 |

사진작가 박중하 씨는 뉴욕현대미술관(MoMA)에서 그의 컬렉션을 소장하고 있을 정도로 세계에 이름을 떨치고 있으며, 나의 저서 《희망콘서트》의 표지와 인물사진을 찍어주기도 했다. 그의 대표작인 〈절두산의 아침〉은 하루도 거르지 않고 비가 오나 눈이 오나 2년간 새벽에 나가 찍어 완성한 작품이다. 바쁜 세상에 하루이틀도 아니고 2년이나 찍었다는 것은 상상하기 힘들지만, 그것이 바로 프로의 세계로 매일매일 쉬지 않고 찍으며 보다 나은 작품을 찾아낸 것이다.

이 대목은 에디슨의 백열전구 개발과 맥락을 같이한다. 그가 9999번 실패를 겪고 마침내 개발에 성공하자 기자가 물었다.

"선생께서 전구를 개발할 때 9999번이나 실패했다는 것이 사실입니까?"

"실패라니요? 안 되는 방법을 가려서 버리고 마지막에 되는 방법만 선택한 거랍니다."

글을 쓰고 나서 다시 읽어보면 매끄럽지 않게 느껴질 때가 많아 고치고 또 고친다. 신문에 실리는 손바닥 반 쪽만 한 크기의 글을 많이 고칠 때는 400~500번 다시 고치는데, 나중에 보면 제목 빼고는 전혀 다른 원고가 되어 있다.

강연도 1만 5000회 이상 했지만 아직도 단상을 내려오면 언제나 후회되는 부분이 생긴다. 책도 그렇다. 만들 때까지는 대단한 작품이라고 느껴지는데 막상 나온 다음에 다시 보면 부끄러운 부분이 여기저기서 발견된다. 그래서 인생은 미완성이라는 것인지도 모른다.

| 반복의 힘 |

방송 출연 중 MC가 나에게 질문한다.

"지금까지 해본 것 중 가장 자신 있는 것은 무엇입니까?"

강연이나 집필, 방송 등의 얘기가 나올 것을 예상하고 묻는 질문이다.

"글쎄요, 사격이 아닐까요?"

MC는 뜻밖이라는 듯 눈을 크게 뜨고 다그치듯 말한다.

"아니 총을 쏠 줄 아십니까?"

나는 기운이 없어 대부분 누워 지내다 보니 운동 부족이 심각한 상태였다. 이것을 보다 못한 부모님이 마음먹고 사준 것이 공기총이다. 참새를 잡으러 다니다 보면 그것도 운동으로 충분하다고 생각하신 것이다.

중학교 때는 10발을 쏘아 2마리를 잡았는데 고등학교 때는 10발에 4~5마리 잡을 정도로 실력이 좋아졌다. 나는 집중력이 뛰어난 편이고 무엇을 하면 다른 것은 생각도 못 할 정도여서 실력은 하루가 다르게 향상되었다.

　대학 때는 날아가는 새를 떨어뜨리거나 한 방으로 두세 마리를 잡는 묘기까지 연출했다. 이 실력으로 군대를 갔으니 특등사수는 누워서 떡 먹기였다.

　기계체조의 손연재 선수를 보면 하루가 다르게 기량이 성장한다. 같은 동작을 수천 번씩 반복하다 보면 신경세포가 그에 걸맞게 움직여서 머지않아 세계 정상이 되는 것도 무리가 아니라는 생각이 든다. 가수가 음반을 녹음할 때도 수천 번의 연습을 거친다. 어디 그뿐이랴. 7~8년 연습생 생활을 통해 완벽한 가수로 변신하여 세계에 한류 붐을 일으킨 것이다.

　무엇이든지 마음속에 3D 영상처럼 찍어두면 자연스럽게 이뤄진다. 모든 성공 · 행복 · 소망도 집중하면 이뤄진다. 그렇게 되려면 숙달되는 것이 최고의 방법이다.

송만공 스님이 독립선언을 한 33인 중 한 분인 만해 한용운 스님을 찾아와 품속에서 칼을 꺼내 보이자 놀란 만해 스님이 물었다.

"웬 칼입니까?"

"한 놈 죽이려고 가지고 다닙니다."

"그놈이 누구요?"

"조선총독이지요. 우리 말, 우리 글, 재산까지 빼앗은 도둑 중의 도둑인데 처단해야 합니다."

그러자 만해 스님은 껄껄 웃으며 말했다.

"총독은 산송장이오. 얼마 못 살아요. 그런데 송장 치고 살인 낼 일 있소? 스님이 아니어도 죽이려는 사람이 많아 누구 손엔가 죽겠지요. 또 우리나라가 머지않아 독립할 텐데 그러면 살아 있어도 산송장이 아니겠습니까."

만공 스님은 칼을 만해 스님에게 주고 홀연히 떠나 서천 간월도 간월
암에 들어가 1000일 묵언기도를 했는데 기도가 끝난 날이 1945년 8월
15일이다.

말에는 운을 끌어당기는 유인력(誘引力)이 있어 말대로 이루어지는 것
이다.

| 잡상인 출입 환영 |

　많은 사무실 입구에 '잡상인 출입금지'라는 쪽지가 붙어 있다. 입주자는 잡상인으로 생각할지 몰라도 당사자는 엄연히 개인사업자다. 나는 사무실에 누가 오든 언제나 대환영이다. 그들을 통해 새로운 정보와 아이디어의 소재를 얻을 수 있기 때문이다. 하루는 젊은 친구가 들어와 명함을 책상 위에 던지고 황급히 나가려는 것을 불렀다.

　"들어왔으면 용건이 있을 것 아닌가. 그런데 왜 말도 않고 그냥 나가지?"

　"어차피 거절당할 텐데 얘기하나 마나지요."

　그 청년은 대학을 졸업하고 쌍용자동차 영업사원으로 입사했는데 한 달 내내 헛걸음만 하고 다녀 오늘 마지막 남은 명함만 뿌리고 그만둘 생각으로 들어왔다는 것이다.

　나는 직접 커피를 타주며 자식 같은 생각에 조언을 해주었다.

“그만둘 생각이라면 한 건이라도 실적을 올리고 그만두어야지. 처음부터 실패로 끝나면 다음에는 두려움 때문에 아무것도 할 수 없게 돼. 아무에게나 명함을 돌리지 말고 사람을 잘 보고 명함을 돌려. 그리고 내가 연재하고 있는 잡지를 줄 테니 가망고객에게 전달하며 얘기를 나눠봐.”

그는 사흘 만에 기쁜 소식을 전해왔다. 드디어 렉스턴을 팔았다는 것이다. 거절이나 실패도 하나의 교육이어서 오히려 성공에서보다 더 많은 것을 배우는데, 불평불만이 앞서는 사람은 같은 부류끼리 모여 성공과 점점 거리가 멀어지는 것이다.

실패자는 실패의 이미지를 머릿속에 온통 그려 넣은 사람들로 잠재의식은 그것을 그대로 받아들여 실현시킨다. 문제는 실패라는 사실에 있는 것이 아니라 실패를 느꼈을 때 어떻게 하느냐에 달려 있다. 노력 자체가 성공으로 가는 길은 아니어서 실패를 딛고 일어나 나아가는 것이 중요하다. 눈물 젖은 빵을 먹어보지 않은 사람은 인생의 참맛을 모른다.

| 일의 보람은 천국을 만든다 |

　'일이 보람인 사람은 인생이 천국이고 일이 의무인 사람은 인생이 지옥이다.'

　큰 야망 없이는 무슨 일도 이루어질 수 없다. 욕망은 부끄러워할 일이 아니며, 강력한 욕망이야말로 성공인의 공통점이다. 현대그룹 고 정주영 회장의 말에 귀 기울여보자.

　"위험이 클수록 유망 사업이라고 했듯이 포부는 크면 클수록 좋은 것이다."

　근면 · 성실 · 인내(勤勉 · 誠實 · 忍耐)가 사훈에 가장 많이 들어 있다. 부지런하게 정성을 다하고 어려움을 참고 견디며 일에 열중하는 것 자체가 우리 삶에서 중요한 위치를 차지한다. 그리고 보면 어떤 일이든 직업에는 귀천이 있을 수 없지만 사회적 견지에서는 그렇지 않은 탓인지 당장 놀고 있는 사람도 더운밥 찬밥을 가린다.

직장 구하기 힘든 것은 없어서가 아니라 '체면상' 좋은 직장(?)을 구하려고 3D 직종은 거들떠보지도 않아서인데, 이는 '옆집 처녀 믿다 장가 못 가는 꼴'이다.

이상화 씨는 ROTC 출신으로 중견기업인 세방그룹의 상무이사로 명예퇴직한 후 재취업을 위해 고위공직자인 동생을 찾아가 부탁하자 이런 말을 들었다.

"제 힘으로 형님 자리 하나는 만들 수 있겠지만 제가 하나를 부탁할 경우 그쪽에서는 서너 개의 부탁을 해오게 마련인데 어떻게 하면 좋지요?"

동생이 청백리상을 받은 사실을 아는 이상화 씨는 더 이상 부탁하지 않고 손쉬운 자리를 찾았다. 이후 마포 도원빌딩 경비원이 되어 3년 세월을 마치고 지금은 거택보호대상자를 위해 활동하고 있다.

"일은 중요합니다. 그러나 귀한 일, 천한 일이 어디 있습니까? 천한 입, 귀한 입이 있을 뿐이지요."

| 끌어당김의 법칙 |

실패는 자본 결핍이 아니라 에너지의 결핍에서 일어난다. 성공이란 생각하기에 따라 매우 간단한 일인데, 본인이 바라는 성공의 이미지를 지속적으로 마음속과 온몸 구석구석에 새기면 된다. 돈이 돈을 낳듯이 성공은 성공을 낳고, 작은 성공이 큰 성공을 낳는다.

결코 남을 부러워하며 신세한탄을 해서는 안 되며, 잘나가는 사람을 사기하거나 비판하는 것은 스스로를 더욱 가난하게 만들 뿐이다. 거울이 빛을 반사하듯 자기 생각과 언행은 자신에게 되돌아오기 때문이다.

실패는 끝이 아니라 성공을 위한 과정이라서 오히려 많은 것을 깨우치게 한다. 성공한 기업은 거의 절망적인 상황일 때 돌파구를 찾아 획기적인 변화를 시도하는데, 이를 보면 실패를 맛보지 않은 성공은 진정한 성공이 아니라고 할 수 있다.

지나간 과거에 대해 한탄한다거나 미래에 대해 망설이며 걱정하지 말

자. 미국의 작가 헨리 밀러는 "과거에 집착하며 전진하는 것은 쇠뭉치가 붙은 자물쇠를 질질 끌며 걷는 것과 같다"고 했다.

나의 장밋빛 미래는 바로 지금부터 시작이다. 오늘은 미래를 새롭게 조립하는 시간이어서 희망이 실현되는 것을 상상하면 어느 순간 소망이 성취된다. 과거를 돌아보며 거기에 빠져 있다 보면 지금 내 앞을 스쳐 지나가는 기회를 보지도 못하고 놓치게 된다. 현재에 충실하게 살아가면 나의 잠재의식이 바쁘게 활동하여 좋은 기회를 제공함을 잊지 말자.

기회는 멀리 있는 것이 아니라 가까운 거리에 있다. "만약 산이 내게로 오지 않는다면 내가 산으로 가리라"고 한 마호메트의 말은 산이 바로 찬스니 적극적으로 좋은 기회를 찾아나서라는 의미다.

| 원하는 것을 이루는 법 |

Professional

　영화 〈알리바바와 40인의 도둑〉에서 "열려라 참깨!" 하고 외치면 육중한 바위 문이 스스르 열리는 장면은 수십 년이 지난 지금도 생생하게 기억하고 있다. 그러나 작품 속 세계에서만 이런 일이 일어나는 것은 아니다. 학교 다닐 때 공부도 제대로 못했는데 사회적으로 크게 성공한 사람도 있고, 명문대학을 우수한 성적으로 나왔는데도 10여 년 지난 지금까지 취업준비에 머리를 싸매는 사람도 있다. 이런 것을 능력이나 운의 문제로 치부할 수 있는 것은 아니다.

　TV 프로에 마술사 이은결이 나와 보여주는 것을 보며 환상의 세계로 빠져들거나 김병만의 '달인'을 재미있어 하지만 자신의 삶도 이처럼 복제하여 사는 사람도 많다. 그것은 자기가 가진 무한한 능력을 키우면 나도 모르게 강자가 되는 것이다.

　KBS-TV 국장이었던 L씨는 시인 출신으로 손아귀의 힘이 초인에 가깝다. 그는 초등학교 때 몸이 약해 왕따당하기 일쑤였는데 하루는 약을 파는 길거리의 차력사를 만나 고충을 털어놓았다.

"친구들에게 매일 맞는데요, 이길 수 있는 방법이 없을까요?"

"어렵지 않다. 매일 열 손가락을 차례대로 폈다 오므렸다를 반복해봐라. 하루가 다르게 힘이 모아진단다."

시키는 대로 매일 훈련을 했더니 중학교 때는 어른도 그의 손에 잡히면 벗어나지 못해 쩔쩔매게 되었고, 사과를 손에 잡고 힘을 주면 주스가 되는 절대강자가 되었다. 이것이 바로 반복의 힘이다.

모든 것은 반복의 힘으로 기적이 나타난다. 김연아 선수는 1년에 평균 1800번이나 엉덩방아를 찧었지만 포기하지 않고 반복한 끝에 세계 정상이 되었다.

1910년 3월 1일 파고다공원에서 민족대표 33인이 독립선언문을 낭독했고 1945년 8월 15일 우리는 꿈에도 그리던 해방을 맞았다. 꿈이 있다면 그 꿈을 널리 공표해야 한다. 널리 알리는 것은 내면의 힘을 강화하는 의미도 있고 협조자의 도움을 얻을 수 있는 계기도 마련된다.

그러나 고정관념이 강한 사람은 눈앞에 다가온 떡도 먹지 못한다. 〈개그콘서트〉의 김원효처럼 '안 돼' 소리를 해서는 안 된다. 안 될 이유가 있다면 될 이유도 있다.

마라톤 선수는 무작정 뛰는 것이 아니라 뛰면서 시계를 본다. 구간 구간 점검하며 늦었으면 속도를 더 내고 빠르면 적당히 조절하며 힘을 안배한다. 성취를 위해 자신의 문제점을 체크하는 것이다.

잘나간다고 방심해서도 안 되고 어렵다고 주저앉아도 안 된다. 자신을 언제나 새 차처럼 운행하려면 닦고 조이고 기름 치며 눈에 보이지 않는 작은 오류를 찾아 제거해야 한다.

우리는 모두 창조주의 자손이어서 같은 DNA를 가지고 있음을 자각하고 하루하루를 좋은 날로 만들어야 한다.

이상헌의 소망을 성취하는 50가지 방법

01. 꿈의 청사진을 만들라. 마음에 찍은 것만 현상된다.

02. 기쁨으로 살아가라. 기쁨은 소망을 이루게 하는 촉진제다.

03. 자신의 위대함을 잊지 말라. 자기 그릇만큼 담는 법이다.

♣

04. 협력자를 만들라. 숫자에 비례하여 완성도가 달라진다.

05. 긍정적인 말만 사용하라. 내 입에서 나온 말이 모두 기도다.

06. 자기 분야의 프로가 되라. 프로가 못 되면 포로가 된다.

07. 희망을 잃지 말라. 희망의 나무에만 희망의 꽃이 핀다.

08. 자신의 일에 정성을 다하라. 정성이 지극하면 하늘이 감동한다.

09. 문제를 단순화시켜라. 복잡하면 될 일도 안 된다.

10. 수시로 자신을 점검하라. 그래야 정비를 할 수 있다.

11. 멘토를 모셔라. 멘토 한 사람은 천 사람보다 값지다.

♣

12. 자기관리를 철저히 하라. 자기관리가 안 되면 공든 탑도 무너진다.

13. 잠 잘 자고 밥 잘 먹어라. 힘이 부족하면 될 일도 안 된다.

14. 사랑이 충만케 하라. 충만한 사랑은 기적을 만든다.

15. 감사의 말을 자주 써라. 그래야 감사할 일이 생겨난다.

16. 좋은 이미지를 만들라. 사람은 이미지를 먹고 산다.

17. 안 될 이유를 찾으려 하지 말라. 될 이유만 찾아내라.

18. 하늘을 감동시켜라. 자신의 동업자는 절대자임을 잊지 말라.

19. 약속은 칼같이 지켜라. 신용을 잃으면 더 이상 잃을 것도 없다.

20. 가족끼리 화합하라. 가화만사성(家和萬事成)이다.

21. 우물 안 개구리가 되지 말라. 눈에 보이는 것은 아무것도 아니다.

22. 자신을 칭찬하라. 엄청난 파워가 생겨난다.

23. 자신을 믿어라. 믿은 만큼 성장한다.

24. 자신을 컨트롤하라. 자신을 이기는 자가 진정한 승리자다.

25. 자신에게 포상하라. 상 탈 때의 기쁨이 놀라운 힘을 만든다.

26. 주어진 시간을 최대로 활용하라. 시간은 돈이 아니라 생명이다.

27. 부정적인 사람은 부정 타는 사람이다. 그를 만나지 말라.

28. 부모에게 효도하라. 하늘에서 특별상을 수여한다.

29. 자신을 사랑하라. 사랑은 불가능도 가능하게 만든다.

30. 용서에 앞장서라. 용서는 큰 사랑의 실천이다.

31. 숨 가쁜 것은 정상이 가깝다는 증거다. 한 발만 앞서라.

32. 남을 인정하라. 그래야 나도 인정받는다.

33. 남을 심판하지 말라. 심판은 내가 아니라 하늘에서 한다.

34. 불평불만과 결별하라. 그것은 불운을 끌고 다닌다.

35. 보다 나은 방법을 선택하라. 좋은 방법은 하늘의 별만큼 많다.

36. 자꾸 막히는 것은 일단 멈춤 신호다. 멈춘 다음 원인을 찾아내라.

37. 한눈팔지 말라. 오로지 한 가지에만 집중하라.

38. 열정을 10배로 높여라. 용광로의 뜨거움이 기적을 창조한다.

39. 기(氣)를 살려라. 기가 살아야 운(運)도 산다.

40. 뿌리를 깊이 내려라. 그래야 튼튼하게 자라난다.

41. 좋은 글, 좋은 생각을 친구로 삼아라. 친구는 나를 위해 신명을 다한다.

42. 서두르지 말라. 쉽게 데운 방이 쉬 식는다.

43. 나침반을 지니고 살아가라. 방향을 잃으면 동쪽이 서쪽 된다.

44. 성취를 위해 과감히 투자하라. 소망 성취에 외상은 없다.

♣

45. 정성과 건성은 하늘과 땅 차이다. 정성을 다하라.

46. 쉬지 말고 기도하라. 기도는 절대자와의 직통전화다.

47. 희망만 바라보라. 희망의 나무에만 희망의 꽃이 핀다.

48. 끝까지 노력하라. 99까지 성취해도 남은 1이 절반이다.

49. 하늘은 스스로 돕는 자를 돕는다. 스스로 돕는 자가 되라.

50. 최후에 웃는 자가 성공자다. 끝까지 웃음을 잃지 말라.

삶의 지혜가 담긴
이상헌의
성공 어록
Professional

이상헌의 성공 어록

- 승부는 힘이 좌우한다. 가장 큰 힘은 친화력(親和力)이다.
- 즐거우면 힘이 샘솟는다. 1분 웃고 시작하라.
- 위기를 두려워하지 말라. 위기란 위험 속에 기회가 있다는 말이다.
- 더운밥 찬밥 가리지 말라. 뱃속에 들어가면 찬밥도 더운밥 된다.
- 화초도 사랑받으면 싱싱하게 자라난다. 사람은 말할 나위도 없다.
- 몸에 입은 상처는 시간이 흐르면 아문다. 그러나 마음의 상처는 평생 간다.
- 행복해지려면 남을 행복하게 하라. 그래야 행복의 동업자가 된다.
- 암보다 무서운 병이 투덜병이다. 암은 수술로 극복할 수 있지만 투덜병은 수술 불가다.
- 불평하지 말라. 불행해서 불평하는 것이 아니라 불평해서 불행이 만들어진다.

- '감사합니다' 라는 말이 감사할 일을 끌어들인다. 힘들어도 감사하면 기적이 일어난다.

- '죽겠다' 소리를 입에 달고 사는 사람은 진짜 죽게 된다. '죽겠다' 대신 '주께 있다' 고 말해보자.

- 힘들다고 괴로워하지 말라. '힘들다' 는 것은 '힘이 들어온다' 는 말이다.

- 처음부터 망한 사람은 없다. 잘나가다 교만 · 거만 · 자만이 실패를 끌어당긴다.

- 소 중에 가장 값진 소는 미소다. 미소를 다량 생산하라.

- 돈이 재산이 아니라 사람이 재산이다. 돈 때문에 재산을 잃지 말라.

- 좋은 친구는 우량 주식, 나쁜 친구는 불량 채권이다. 선택에 유의하라.

- 모든 것에는 뜻이 있다. 그 뜻을 살펴보라.

- 당신은 100억 개의 씨앗 중에 1등 기록 보유자다. 위대한 승리자임을 자각하라.

♣

- 육체는 25세부터 노화되나 정신은 점점 성숙해간다. 정신노동자는 나이 듦이 축복이다.

- 벌의 유충이 화분을 먹으면 일벌, 로열젤리를 먹으면 여왕벌이 된다. 사람은 영적 동물이어서 마음의 양식을 먹은 자는 지도자가 되고 몸의 양식만 먹으면 일벌 신세가 된다.

- 나는 매년 500권의 책을 읽고 필요한 곳에 기증한다. 책도 갇혀 있기를 원하지 않는다.
- 술은 1차로 끝내라. 2차, 3차 하다 막차를 타게 된다.
- 교회도 좋고 절도, 성당도 나가보자. 어느 곳이나 기도하기에는 좋은 장소다.

♣

- 학벌이 없다고 좌절하지 말라. 예수 · 석가 · 마호메트도 초등학교조차 다닌 일이 없다.
- 새해가 되면 "복 많이 받으세요"라고 인사한다. 복을 받으려면 먼저 복 짓는 것이 순서다.
- 꽃 중에 최고는 웃음꽃이다. 웃음꽃은 언제 어디서나 활짝 피울 수 있는 꽃 중의 꽃이다.
- 꿈꾸는 건 즐거운 일이다. 자면서도 꿈을 꾸고 눈 뜨고도 꿈을 꾸자.
- 좋은 책은 열 번, 백 번 읽어라. 읽을수록 성장한다.
- 우리는 흥할 수밖에 없는 민족이다. 어려서 코 풀 때도 '흥' 하고 풀었다.
- 악담은 자기 무덤 파는 일이다. 자기가 하는 말은 자기에게 먼저 이뤄진다.
- 나는 평생 일기를 써왔다. 그날 있었던 좋은 일만 기록하는데 그것이 '행복일기'다.
- 매일 아침 거울에 비친 자신을 보고 칭찬과 격려를 하라. 나는 선

수요 감독이고 응원단장이다.

- 물구나무서기로 세상을 보면 세상이 거꾸로 보인다. 그렇다고 세상이 변한 것은 아니다.

- 차를 타면 운전기사에게 인사하라. 나를 목적지까지 안전하게 데려다주는 인도자다.

- 긍정적인 말만 하라. 모든 면에서 좋아지는 것은 긍정언어의 영향이다.

- 알고 보면 세상에 스승 아닌 사람이 없다. 스승의 좋은 점만 찾아보라.

- 스승의 자리에는 높고 낮음이 없다. 모든 스승을 존경하라.

- 들어온 떡을 걷어차는 바보도 있다. 불쌍한 사람이다.

- 도전자와 도망자는 글자 한 자 차이다. 이 차이는 운명을 결정한다.

- 세상에 태어남은 기쁨을 위해서다. 기쁨이 없는 사람은 사는 것이 아니다.

♣

- '사람'의 원형은 '사랑'이다. 네모를 갈고 닦아 동그라미를 만들어야 완성된다.

- 생일은 내가 태어난 날이 아니라 부모님이 낳아주신 날이다. 그분을 위하는 날로 정하라.

- 피땀을 흘려 번 돈으로 명품 백을 사는 여자도 있다. 자신이 명품인 줄 모르는 것이다.

- 메모지와 볼펜을 가지고 다녀라. 수시로 떠오르는 아이디어에 감사하라.
- 세상은 배운 만큼 보인다. 보고도 못 보는 것은 배움의 부족이다.
- 손해 본 걸 두고두고 곱씹지 말라. 그동안 이익 본 것을 생각해보라.

♣

- 돈은 잃어도 다시 벌 수 있다. 그러나 낭비한 시간은 회수되지 않는다.
- 나의 주인은 나다. 노예처럼 비실대며 살지 말라.
- 미운 놈 떡 하나 더 줘라. 뭐니 뭐니 해도 떡값이 가장 싸다.
- 어제는 유효기간이 지난 어음, 내일은 미발행 수표, 오늘만이 통용 가능한 현찰이다.
- 하겠다고 마음먹으면 그 순간 바로 하라. 내일이란 영원히 오지 않는다.
- 바닷물은 2%의 소금물 때문에 썩지 않는다. 2%의 자기 장점에 초점을 맞춰라.
- '안 되는 줄 알면서 왜 그랬을까'는 자기의 참모습을 모르는 바보들이 부르는 노래다.
- 내가 좋아하는 사람을 순서대로 10명 쓰고, 다음 장엔 나를 좋아하는 사람 10명을 써서 비교해보면 좋아하는 순서까지 똑같다. 내가 좋아하는 만큼 남도 나를 좋아한다.
- 하루 세 끼 밥만 먹지 말라. 마음도 세 번씩 먹어야 한다.

- 영혼은 주인이고 몸은 종이다. 종 살리려고 굶어죽는 주인이 되어서는 안 된다.

- 장사하는 사람은 밤에 수입·지출을 계산한다. 하루 삶의 수지계산은 필수다.

- 운전할 때 내비게이션을 보고 길을 찾는다. 인생길은 어떻게 찾고 있나 돌이켜보자.

- 마음을 일깨우는 책을 만나라. 게임이나 연속극은 찰나의 즐거움만 줄 뿐이다.

- 숨을 들이쉬고 내쉬지 않으면 죽는다. 사랑을 받기만 하고 돌려주지 않아도 똑같다.

- 교회나 절에 가서 달라고 기도하지 말라. 맡기지도 않고 달라는 것은 어불성설이다.

- 영원한 밤은 없다. 춥고 어두운 밤이 지나면 반드시 아침이 온다.

- 세상에서 가장 소중한 존재는 나 자신이다. 자신부터 사랑하라.

♣

- '춥다 춥다' 하면 더 춥고 '덥다 덥다' 하면 더워진다. 말이 신체 세포에까지 영향을 주는 것이다.

- 옆가게 때문에 우리 집이 안 되는 것이 아니다. 내가 안 되기 때문에 옆집이 잘되는 것이다.

- 마음이 병들면 몸도 병든다. 몸만 치료하는 것은 호박에 줄 긋는 것과 다를 것 없다.

- 교도소는 처벌이 아니라 교화가 목적이다. 사랑과 용서로 기쁨을 충전시켜줘야 한다.
- 살다 보면 힘들 때가 있는데 그게 성장통이다. 아프면서 자라는 것이다.
- 물은 99℃에서는 끓지 않지만 1℃를 높여 100℃가 되면 끓는다. 1℃가 99℃보다 더 중요하다.

♣

- 축구·야구에는 연장전이 있지만 인생에는 연장전이 없다. 주어진 순간에 최선을 다하라.
- 처마 밑에 똑똑 떨어지는 물방울이 주춧돌을 뚫듯 같은 말의 반복이 기적을 만든다.
- 바위에 걸려 넘어지는 사람은 없다. 운동화 속에 들어온 모래알 하나 때문에 주저앉는다.
- 미친개에게 물렸다고 그 개를 무는 사람은 없다. 개를 무는 사람은 개만도 못한 인간이다.
- 술 마시고 실수한 다음 날 '술 취한 개'라며 사과한다. 개가 들으면 기가 찰 소리다.
- 세상에는 살인강도에게 죽임당한 사람보다 함부로 하는 말 때문에 죽은 사람이 100배가 넘는다.
- 누가 10일짜리 해외여행 티켓을 주면 죽을 때까지 고마워한다. 100년 삶의 티켓을 준 부모에게는 고맙다는 말은커녕 더 안 준다고 원망한다.

- 책 1권 읽은 사람과 10권 읽은 사람은 인상부터 다르다. 지혜의 달인이 되라.

- 남에게 원한 살 행동을 하지 말라. 한 사람의 적이 천 사람의 적보다 더 많다.

- 목숨은 하나밖에 없다. 소중하게 갈고 닦아라.

- 악담을 하는 사람은 악인이고 덕담을 하는 사람은 덕인이다.

- 농담으로 한 약속도 약속이다. 반드시 지키는 사람이 인격자다.

- 나의 잣대로 남을 심판하지 말라. 심판은 심판자격증을 취득한 사람만이 할 수 있다.

- 중독치고 좋은 중독은 없지만 위대한 중독이 둘 있다. 사랑중독과 독서중독이다.

- 가족을 위해 담배를 끊는 사람은 위대한 사람이다. 그런 사람은 반드시 성공한다.

- 성장하려면 멘토를 선택하라. 그의 방법대로 따라 하면 나도 멘토가 된다.

♣

- 남과 같이 해서는 남을 앞서지 못한다. 남과 다른 나만의 강점을 찾아 집중 투자하라.

- 탈피(脫皮)하라. 뱀도 허물을 벗지 못하면 껍질에 갇혀 죽게 된다.

- 자신의 성장을 위해 끊임없이 투자하라. 콩나물도 물을 주어야 자라난다.

- 끊임없이 선(善)을 행하라. 절대자가 나의 편으로 영입된다.

- 가다가 자꾸 멈추는 것은 정비하라는 뜻이다. 닦고 조이고 기름 쳐라.

- 들어온 떡만 먹으면 언제나 배고프다. 나가서 직접 떡을 만들어라.

♣

- 자기관리를 철저히 하라. 아파트도 관리 안 하면 단전 · 단수된다.

- 부모를 보면 자식을 알 수 있다. 자녀는 내가 한 것을 그대로 한다.

- 세상에 우연이란 티끌만큼도 없다. 모든 인연을 소중히 하라.

- 보다 나은 방법은 하늘의 별만큼 많다. 아이디어를 내 것으로 만들어라.

- 내가 하는 말이 모두 기도다. 말을 기도처럼 하라.

- 내가 나부터 칭찬하자. 인생의 값이 달라진다.

- 좋은 일 열 번 해도 불평 한마디에 도로아미타불 된다. 평생 공로를 입으로 다 까먹지 말라.

- 눈은 진리의 말을 한 줄이라도 더 읽고 인생시계 몇 시인가 보라고 둘이나 있는 것이다.

- 여기서 천국이면 가서도 천국이다. 지상을 천국훈련소로 만들어야 한다.

- 아프다는 것은 살아 있다는 증거다. 아픔이 와도 살아 있음에 감사하라.

- 어떤 일이든 나쁜 일은 없다. 지나고 보면 다 배울 점이 있다.

- 좋은 생각은 곧바로 기록하라. 좋은 생각은 자신을 위한 경전이다.

- 가정은 사랑의 시발점이요 행복의 종착역이다. 가족을 소중히 여겨라.

- 부모는 어느 곳에 계시든 최고의 수호신이다. 수호신을 기쁘게 하라.

- 그냥 살지 말라. 목수가 집 짓듯 정성껏 설계하며 살아가라.

- 사람을 감동시켜라. 감동이 교류되어야 무한대의 기쁨이 된다.

- 누구를 만나든 친절하라. 친절해야 절친해진다.

- 작은 씨앗이 낙락장송 된다. 겨자씨만 한 인연도 소중히 하라.

- 남을 내 편으로 만들려 하지 말라. 내가 그의 편이 되면 쉽게 하나 된다.

- 내가 하고 싶은 말을 하지 말라. 상대방이 듣고 싶은 말을 하라.

- 꼭 써야 할 곳에는 1억 원도 적다. 안 써도 좋을 곳에는 1원도 많다.

- 살아 있는 날이 경축일이다. 기쁨 점수를 최대로 높여라.

- 누구에게나 웃음을 보여라. 웃음이 성공보증서다.

- 내가 원하는 배역을 만들어라. 만들었으면 배역에 맞게 살아가라.

- 남도 점 하나를 빼면 님이 된다. 더하기 빼기의 달인이 되라.

- 배움에는 정년이 없다. 끊임없이 배우고 깨우쳐라.

♣

- 여자와 개와 돈은 같다. 쫓아가면 도망치고 기다리면 돌아온다.

- 오래 살려고 애쓰지 말라. 값지게 살려고 애써라.

- 자신의 인생 주식을 상한가로 만들어라. 그것이 위대한 인간이 되는 기술이다.

중앙경제평론사
중앙생활사

Joongang Economy Publishing Co./Joongang Life Publishing Co.

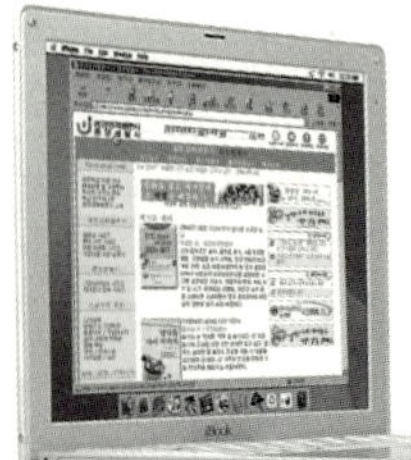

중앙경제평론사는 오늘보다 나은 내일을 창조한다는 신념 아래 설립된 경제 · 경영서 전문 출판사로서
성공을 꿈꾸는 직장인, 경영인에게 전문지식과 자기계발의 지혜를 주는 책을 발간하고 있습니다.

알짜들의 성공법칙 9

초판 1쇄 인쇄 | 2012년 11월 17일
초판 1쇄 발행 | 2012년 11월 23일

지은이 | 이상헌(Sangheon Lee)
펴낸이 | 최점옥(Jeomog Choi)
펴낸곳 | 중앙경제평론사(Joongang Economy Publishing Co.)

대　　　표 | 김용주
책 임 편 집 | 장청화
본문디자인 | 박성현

출력 | 현문자현　종이 | 타라유통　인쇄 · 제본 | 현문자현

잘못된 책은 바꾸어 드립니다.
가격은 표지 뒷면에 있습니다.

ISBN 978-89-6054-096-5(13320)

등록 | 1991년 4월 10일 제2-1153호
주소 | ㉾100-826 서울시 중구 다산로20길 5(신당4동 340-128) 중앙빌딩 4층
전화 | (02)2253-4463(代) 팩스 | (02)2253-7988
홈페이지 | www.japub.co.kr 이메일 | japub@naver.com | japub21@empas.com
♣ 중앙경제평론사는 중앙생활사 · 중앙에듀북스와 자매회사입니다.

▶홈페이지에서 구입하시면 많은 혜택이 있습니다.

※ 이 도서의 국립중앙도서관 출판시도서목록(CIP)은 e-CIP 홈페이지(www.nl.go.kr/cip.php)에서 이
용하실 수 있습니다.(CIP제어번호: CIP2012004229)